What is 'En rumbo'?

En rumbo is a Spanish course for adult learners studying the language without the support of a classroom teacher. It is aimed at students with a knowledge of Spanish equivalent to GCSE or 'O' level, acquired in a variety of ways ranging from conventional study to informal exposure to the language. The course provides you with an opportunity to develop your listening, reading, writing and speaking skills through exposure to formal and informal authentic Spanish and activities that will gradually help you to achieve a higher level of competence in the language.

World Spanish

Spanish is the most widely spoken of the Romance languages, with an estimated 400 million native speakers. It is spoken in mainland Spain, the Canary and Balearic Islands, and the two Spanish possessions in north Africa, Ceuta and Melilla. It is also spoken in nineteen countries in the Americas and is the official language of Equatorial Guinea, a Spanish possession until 1968. There is a large and growing Spanish-speaking population in the USA, plus significant minorities in Morocco, Western Sahara, the Philippines, the Balkan countries and Israel.

Spanish exhibits a number of dialectal varieties both in Spain and Spanish America, but for practical purposes we will refer to 'Castilian' and 'non-Castilian' Spanish; the latter comprises not only all the American Spanish varieties, but also some within Spain itself.

The most important differences between Castilian and non-Castilian Spanish are in pronunciation, the most striking being *seseo*, i.e. the pronunciation among non-Castilian speakers of the 'c' in 'ce', 'ci' and the 'z' as the 's' of English 'stop', rather than the 'th' sound as in the English 'theatre'. One difference in grammar is that *ustedes* is used instead of *vosotros* in Spanish America. There are also differences in vocabulary, as one would expect in a language spoken in so many different places. However Spanish speakers around the world do not find it difficult to understand each other.

Book structure

Each book consists of two parts, each of which is divided into four *unidades*. Each of the first three *unidades* has a theme around which the language content is developed. The fourth *unidad* of each part is dedicated to revision and also contains comprehensive grammar and vocabulary summaries. Each *unidad* is divided into study sessions of two to two and a half hours each, which contain clear explanations of the language covered, a variety of examples, a wide range of *actividades* to practise the language, study tips to help you learn the language more effectively and a number of features aimed at introducing variety and making learning more enjoyable. Clear instructions, in both English and Spanish, will guide you through the various *actividades*, topics and features. Answers to the activities, together with extensive explanations, are contained in the *Clave*. In *Atando cabos* we look at the language covered and summarize it for clearer understanding and easier recall. *¿Sabía Ud. que...?* and *Hispanoamérica* contain interesting and curious facts about the language, culture and history of the Spanish-speaking people. *Del dicho al hecho* suggests activities that will allow you to transfer what you learn to other contexts or which will enhance your knowledge of Spanish and the Spanish-speaking cultures. You will be asked to keep a file, or *Diario*, where you can record notes about vocabulary, grammar, pronunciation, your impressions of a particular topic, ease or difficulty of learning and comments about your progress, all of which will prove useful for revision.

Audio-visual materials

Each book is accompanied by the following audio-visual materials: a video cassette (*vídeo*), an Activities Cassette (*Cinta de actividades*), an Audio Drama Cassette (*Cinta de radiodrama*) and a Pronunciation Practice Cassette (*Cinta de pronunciación*) with accompanying booklet (*Cuadernillo de pronunciación*). A Transcript Booklet (*Cuadernillo de transcripciones*) contains transcripts of the video, Activities Cassette and Audio Drama Cassette.

The video has interviews with Spanish-speaking people in locations in Spain and Spanish America. The Activities Cassette has activities to help you develop your listening and speaking skills. The Audio Drama, *Un embarazo muy embarazoso*, is a 'comedy of errors' in which the grammatical structures and vocabulary taught are used in a quasi-authentic context.

The Pronunciation Practice Cassettes and Pronunciation Practice Booklet contain clear explanations about Spanish sounds, stress, rhythm and intonation, together with exercises.

Additional resources

The book makes frequent reference to the Spanish Grammar, the dictionary, and the Study Guide which are respectively *The Oxford Spanish Grammar* by John Butt, *The Oxford Spanish Dictionary* and the Open University's *The Language Learner's Good Study Guide*, all reference publications which will help you to make the most of your learning.

The following icons are used in the book:

Spanish Grammar G   Study skills

Dictionary D   Video

Diario   Audio

Índice ~
Natural como la vida misma

Índice ~
Hechos y acontecimientos

Natural como la vida misma ~

Natural como la vida misma is the first part of the second book of *En rumbo*. It is divided into four *unidades*.

The first *unidad*, *¡Esto sí que es vida!*, ('This is the life!'), is about health and how to take care of your body. You will learn how to express opinions and how to talk about what is beneficial to your health.

The second *unidad*, *Medicina natural*, teaches you how to ask for and give advice, in the context of health and medicine, and discusses alternative medicines.

The title of the third *unidad*, *Verde que te quiero verde*, is a well known Spanish saying, in which the colour green symbolizes nature. You will learn how to express what is and isn't allowed, and what should and shouldn't be done with regard to the environment and ecological issues.

The fourth *unidad*, *Repaso*, is dedicated to revision. Activities are organized around two headings: *El Día de la Salud*, and *El Día Mundial del Medio Ambiente*. A summary of the grammar and the vocabulary covered is included to assist you with revision.

Unidad 1

¡Esto sí que es vida!

In this *unidad,* you will learn how to talk about the purpose of an object and people's reasons for doing things. You will also practise expressing and asking for opinions, in the context of conventional and alternative medicine.

Learning Objectives

By the end of this *unidad,* you should be able to:

- Express and enquire about the purpose of an object or action;

- Give reasons;

- Express and ask for opinions;

- Compare advantages and disadvantages of conventional and alternative medicine.

Key Learning Points

Sesión 1

- Talking about the purpose of an object or action.

- Using *por* to express reasons and *para* to express purpose.

- Vocabulary relating to parts of the body and illnesses.

Sesión 2

- Expressing and asking for opinions using *para mí* and the verbs of opinion *creer, opinar* and *pensar.*

Sesión 3

- Expressing and asking for opinions using *parecer.*

- Revising personal pronouns to accompany *parecer.*

- Using prepositional pronouns for emphasis and contrast.

Study chart

Activity	Timing (minutes)	Learning point	Materials
		Sesión 1 *Relájate y disfruta*	
1.1	20	El hotel balneario Villa Termal Arnoia	Video
1.2	20	Using *para* to express purpose	Video
1.3	20	Vocabulary relating to parts of the body	
1.4	20	Giving reasons using *por* and *porque*	
1.5	15	Word formation: the prefix *super*	
		Sesión 2 *¿Medicina convencional o medicina alternativa?*	
1.6	25	Expressing opinions	Activities Cassette
1.7	20	*Buzón abierto*	Activities Cassette
1.8	40	Listening for specific information; note taking	Activities Cassette
1.9	40	Advantages and disadvantages of conventional medicine	Activities Cassette
1.10	30	Asking for someone's opinion	Activities Cassette
	10	**Pronunciation**: /p/, /t/ and /k/	Pronunciation Practice Cassette and Booklet
		Sesión 3 *Remedios caseros*	
1.11	15	Using *parecer* to express opinions	
1.12	40	Using prepositional pronouns for emphasis and contrast	Activities Cassette, Transcript Booklet
1.13	40	Listening for key words	Audio Drama Cassette
1.14	30	Talking about health	Activities Cassette, Transcript Booklet
	10	**Pronunciation**: stressed and unstressed vowels	Pronunciation Practice Cassette and Booklet

Sesión 1 Relájate y disfruta

In this session you will visit a spa in Galicia and will learn how to talk about parts of the body and ways to make you feel better.

Actividad 1.1

In this activity you will be working with the first video sequence.

1 Watch the video sequence (26:10–26:58) twice with the sound off and, while you watch, think about the sort of place *Villa Termal Arnoia* is.

Vea la secuencia de vídeo (26:10–26:58) dos veces sin sonido. ¿Qué tipo de lugar es la Villa Termal Arnoia?

2 Now, according to what you have just seen, and what you know about spas, answer these questions in Spanish:

Ahora responda en español a estas preguntas:

(a) ¿Para qué va la gente a Arnoia?

(b) ¿Qué tipo de gente va ahí?

(c) ¿Ha estado usted alguna vez en un lugar parecido?

(d) ¿Por qué?

3 Watch the sequence (26:10–28:13), this time with the volume turned up. Complete the answers given by Sindo Álvarez, one of the employees at Arnoia.

Vea la secuencia (26:10–28:13) de nuevo, esta vez con volumen. Complete las respuestas dadas por Sindo Álvarez.

Ejemplo

¿Cuál es su trabajo?

Encargado de personal y masajista.

(a) ¿Qué es un balneario?

Es un . . . .

(b) ¿Para qué viene la gente aquí?

Para muchas cosas, para . . . .

(c) ¿Qué tipo de gente viene?

Viene gente de todas las . . . .

(d) ¿Para qué son beneficiosas las aguas de este balneario?

Para la piel, para . . . .

Sabía Ud. que...

Quizá usted haya visitado alguna terma, bien por razones históricas, como las antiguas termas romanas de Bath, o por razones de salud, como las de Buxton o Chesterham. La geografía española está salpicada de innumerables balnearios como éste, que ofrecen naturaleza, salud y descanso. Los hoteles-balnearios se han promocionado incluso desde el Ministerio de la Salud (Insalud) ofreciendo paquetes de tratamiento y estancia a enfermos con patologías diversas, y a menudo crónicas. Esta alternativa se ha extendido también como práctica vacacional.

HISPANOAMÉRICA

En Hispanoamérica la palabra 'balneario' significa 'lugar de veraneo' y no tiene que ver con salud. Lo que en España se denomina 'balneario' en partes de Hispanoamérica se llama 'baños termales'.

Actividad 1.2

1 Watch the video sequence (28:14–28:44) and note down in Spanish why each person is at the spa.

Vea la secuencia de vídeo (28:14–28:44) y escriba para qué han venido las diferentes personas entrevistadas.

Primera persona: porque tuve un accidente y para…

Segunda persona: . . . . . .

Tercera persona: . . . .

Atando cabos

Using 'para' to express the purpose of an object or action

In the video, you heard the interviewer asking about the purpose of the spa waters:

> ¿Para qué son beneficiosas las aguas de este balneario?

> ... para la piel, para las vías respiratorias y para los huesos

The customers explained the purpose of their visit to the spa:

> ... para recuperarme

> Para descansar...

> Para relajarme...

To enquire about the purpose (of an object or action) you use **¿para qué? + verb**:

> ¿Para qué viene la gente aquí?

To give or explain the purpose of an object or an action, use one of the following:

para + noun:

> para las vías respiratorias

para + infinitive:

> para relajarme

2 More and more people these days go to spas just to relax. Watch the video sequence (28:46–29:47) and note down in Spanish the main points the woman makes about:

Vea la secuencia de vídeo (28:46–29:47) y escriba las ideas principales que se mencionan en la secuencia sobre:

(a) la importancia de que existan balnearios;

(b) la importancia o no de dedicar tiempo a relajarse.

Actividad 1.3

1 In the video the users of the spa mentioned some of the treatments they had tried. Look at the pictures of different treatments and write a caption for each in Spanish. You can use some of the words in the brochure opposite.

Aquí tiene algunos de los servicios que ofrece el balneario. Ponga el nombre debajo.

UN LUGAR DONDE SE RESPIRA SALUD

Este moderno balneario está dirigido por un prestigioso equipo médico. Sus aguas le ofrecen soluciones terapéuticas para el reuma, la piel y las vías respiratorias. Además contamos con los siguientes servicios: tratamientos antiestrés, gimnasio, rayos UVA, inhalaciones, sauna, masaje bajo ducha y masaje con crema, baños de vapor, chorro, rehabilitación, jacuzzi y piscina.

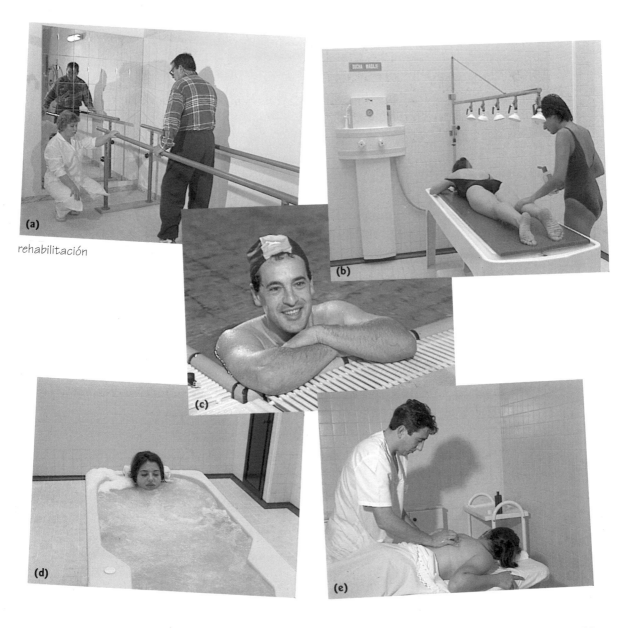

(a)

rehabilitación

(b)

(c)

(d)

(e)

2 Using the expressions in the box below, answer the following questions:

Responda a las siguientes preguntas usando las expresiones a continuación:

> **Ejemplo**
>
> ¿Para qué va la gente al balneario?
>
> Para prevenir enfermedades, para curarse o para descansar

> para la espalda, para realizar diversos ejercicios, para la piel, las vías respiratorias y los huesos, para relajar los músculos, para relajarse y olvidarse de todo

(a) ¿Para qué es beneficioso el masaje bajo ducha?

(b) ¿Para qué es beneficioso el masaje con crema?

(c) ¿Para qué es beneficioso el jacuzzi?

(d) ¿Para qué son beneficiosas las aguas del balneario?

3 Start a section in your *Diario* and record the vocabulary for parts of the body and for the different treatments.

Abra una página en su Diario para el vocabulario sobre partes del cuerpo y tratamientos.

Actividad 1.4

In this activity you will practise giving reasons and explaining causes.

Atando cabos

Explaining reasons and causes

In the video, you came across *por* and *porque* to explain reasons and causes:

> La gente viene al balneario **por** diferentes razones.
>
> … **por** las características de las aguas…
>
> Vengo **porque** tuve un accidente…
>
> … **porque** últimamente estamos sometidos a un ritmo de estrés…

To give a reason or a cause you may use one of the following:

***por* + noun**

> Paso mis vacaciones aquí **por** razones de salud.

***por* + infinitive**

> Tuvo un accidente de coche **por** conducir demasiado deprisa.

***porque* + verb in indicative**

> Va al masajista **porque** tiene mucho estrés.

1 Study the example carefully, then match each statement in the left-hand column with one from the right-hand column, linking them with *por* or *porque*, as appropriate.

Una las frases de la columna de la izquierda con las expresiones causales de la columna de la derecha usando 'por' o 'porque'.

Ejemplo

Paso las vacaciones en un balneario (Problemas de salud):

- Paso las vacaciones en un balneario **por problemas de salud**.

- Paso las vacaciones en un balneario **por tener problemas de salud**.

- Paso las vacaciones en un balneario **porque tengo problemas de salud**.

(a)	Me gusta este hotel…		(i) … combina perfectamente naturaleza con salud y descanso
(b)	Elegimos este piso…		
(c)	A Luis le encanta ir de vacaciones al norte…	por	(ii) … está muy bien situado
			(iii) … estar con su familia
(d)	Viene todos los años a España…	porque	(iv) … esnobismo
(e)	Arnoia es famosa…		(v) … la calidad del personal
(f)	La gente viene aquí…		(vi) … la agradable temperatura veraniega

2 Finish these sentences with a cause or reason, using *por* or *porque*.

Ahora acabe estas frases con expresiones causales con 'por' o 'porque'.

(a) Me gustan las vacaciones…

(b) Normalmente vemos este programa…

(c) Yo me encargo de despertarle por las mañanas…

(d) Esta película se llevó el premio…

(e) Luis sale a correr todos los días…

(f) Come siempre en un bar…

Actividad 1.5

Atando cabos

The prefix 'super-'

One of the people on the video described one of the treatments as *superrelajante*.

In Spanish, words can be created by adding prefixes or suffixes. The prefix *super-* comes from Latin and means 'over' or 'excess(ive)'. In the past it has been used to create quite formal terms such as *superponer* (to superimpose), *superabundancia* (superabundance) and *superávit* (surplus). Now it is used informally with adjectives, with a similar meaning to *muy* + adjective, for example, *superrelajante, superaburrido, superbueno*.

1 Complete the following dialogues using the appropriate forms of the adjective in brackets and the prefix *super-*:

Complete los diálogos a continuación con las formas adjetivales con el prefijo 'super-':

Ejemplo

– ¿Sabes que la tía de Carlos tiene mucho dinero?

– Sí, ya sé. ¡Es (rica) superrica!

(a) Mi vecino de enfrente es muy simpático y agradable.

– Pues el mío nunca saluda. ¡Es (antipático) ...... !

(b) Mira, estos zapatos son de piel y están hechos a mano.

– Deben de ser (caros) ...... , ¿no?

(c) Lo que más me gusta de este coche es su diseño.

– Sí, a mí también. ¡Es (elegante) ......!

(d) Oye, ¿te vienes a la peluquería conmigo?

– Vale, me tengo que cortar un poco el pelo, lo tengo (destrozado) ...... de tanto teñírmelo.

2 Now make a note about *super-* in the 'Word formation' section of your *Diario*.

Ahora anote en su Diario esta información sobre la formación de palabras en español.

Del dicho al hecho

Look in the Spanish language press for articles and adverts about places to do with health, new medical research, advice… anything to do with health care, and read them. You may learn something new!

Sesión 2 ¿Medicina convencional o medicina alternativa?

In this session you will learn how to ask for and express opinions. You will also find out about conventional and alternative medicine.

Actividad 1.6

In the previous session you became familiar with Villa Termal Arnoia. In this activity you will learn what some of the clients thought of the service they got there.

1 Before leaving Arnoia, several people completed the feedback forms in their rooms. These have been accidentally torn and they are all mixed up. Match the pieces together.

Una los fragmentos para reconstruir algunas opiniones de los clientes del balneario.

(a)

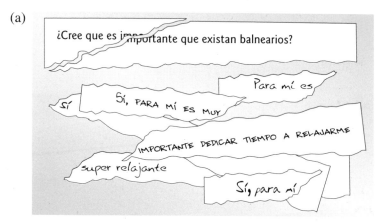

¿Cree que es importante que existan balnearios?

Para mí es

Sí

Sí, PARA MÍ ES MUY

IMPORTANTE DEDICAR TIEMPO A RELAJARME

super relajante

Sí, para mí

(b)

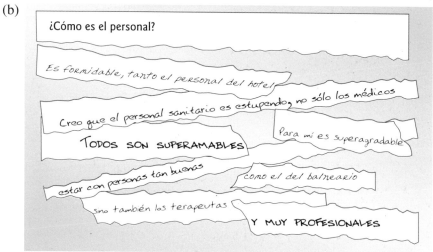

¿Cómo es el personal?

Es formidable, tanto el personal del hotel

Creo que el personal sanitario es estupendo, no sólo los médicos

TODOS SON SUPERAMABLES

Para mí es superagradable

estar con personas tan buenas

como el del balneario

sino también los terapeutas

Y MUY PROFESIONALES

Atando cabos

Expressing opinions

You have just seen some of the structures most commonly used to express opinions in Spanish.

1   Simply stating the opinion, with the verb in the indicative:

      El personal es formidable.

2   Using a verb of opinion, such as *creer, pensar, opinar + que*:

      Creo que sí / Creo que no.

      Creo que el personal sanitario es estupendo.

3   Using *para mí* + opinion:

      Para mí es superrelajante.

      Sí, para mí es muy importante.

2   Start a new section in your *Diario* for expressing opinions and add other expressions and examples as you find them.

Abra una sección en su Diario, anote las expresiones que acaba de aprender y añada otras que vaya encontrando.

3   Now answer the questions below to practise the different ways of expressing opinions:

Responda a las preguntas siguientes para practicar distintas formas de expresar opinión:

Ejemplos

¿Qué cree usted que es lo más importante para vivir sin estrés?

La paz interior. / Para mí lo más importante para vivir sin estrés es la paz interior. / Creo que lo más importante para vivir sin estrés es la paz interior.

¿Cree que es importante tener una dieta equilibrada?

Sí, creo que sí. / Sí, creo que es muy importante. / Sí, para mí es superimportante. / No, creo que eso es una tontería.

(a)   En su opinión, ¿es importante dedicar tiempo a relajarse?

(b)   Para usted, ¿cuáles son las vacaciones ideales?

(c)   ¿Qué entiende usted por salud?

(d)   ¿Cree que es necesario ir regularmente al médico?

4 Listen to Extract 1 on the Activities Cassette and answer the questions following the prompt, using *para mí* or *creo que*. You may want to pause the cassette after the model answer and repeat it.

Escuche el Extracto 1 en la Cinta de actividades y responda a las preguntas siguiendo el estímulo.

Ejemplo

¿Para usted es importante tener tiempo libre?

(Yes, for me it's very important.)

Sí, para mí es muy importante. / Sí, yo creo que es muy importante.

Actividad 1.7

Buzón abierto

Buzón abierto is a phone-in radio programme where you can leave a brief message giving your opinion on any issue.

1 Listen to Extract 2 on the Activities Cassette. You will hear the presenter of *Buzón abierto* introduce the programme and a recorded message from a listener.

Escuche al presentador del programa de radio Buzón abierto *presentar el programa y el mensaje grabado en el Extracto 2 en la Cinta de actividades.*

2 Now record yourself giving your opinion, in two or three sentences, on one of the topics overleaf. Start with:

Aquí tiene algunas ideas sobre temas para dar su opinión. Grabe su mensaje empezando con:

Buzón abierto, día 15 de marzo de 1999…

Hola, quiero dar mi opinión sobre…

Temas

(a) la medicina alternativa

(b) la salud y los deportes

(c) los balnearios

(d) los masajes

Actividad 1.8

You will now listen to two doctors giving their opinions on conventional Western and homeopathic medicine.

1   Before listening, classify these words under *medicina convencional, medicina homeopática* or applicable to both:

Antes de escuchar, clasifique las siguientes palabras:

> aspirina, tifoidea, médico, remedio, homeopatía, medicamento, laboratorio, penicilina, naturista, antibiótico, hierbas, hervir, tecnología médica, extracto, paciente, orégano

Medicina convencional	Medicina homeopática	Ambas
aspirina		

2   Listen once or twice to Extract 3 on the Activities Cassette where two doctors give their views on conventional medicine and homeopathy. Read the advice in the box opposite, and take notes in English or Spanish of what the doctors say about the following issues. In your notes make sure you identify who says what.

Escuche el Extracto 3 en la Cinta de actividades una o dos veces. Tome notas en inglés o español de lo que dicen sobre los siguientes temas y quién lo dice.

(a) valor de la homeopatía

(b) tecnología y garantías que cada tipo de medicina ofrece

(c) aspectos políticos y económicos

Ejemplo: Notas sobre la homeopatía

Méd(ico) conv(encional): *for certain things* muy buena/es un complemento, no un sustituto…

Méd. hom(eópata):

- Taking notes while listening to a foreign language will help you to concentrate better on what is being said. In this case you are given some topics which will also help you concentrate on specific information.

- Taking notes is a very individual writing skill, however there are certain common basics to be learned:

  - Do not try to write everything you hear; write down the essential points in your own words;

  - If you get stuck, leave a space and go on;

  - Definitions, formulae and quotations are worth taking down word for word;

  - Use abbreviations and symbols for frequently used words and expressions. You can create your own or use the most common ones (*ej = ejemplo*, x = *por*, > = *mayor que*).

- You may find yourself taking notes in a mixture of both English and Spanish. This is quite normal since you will tend to use whichever is easier at the time.

3 Now write your notes as full sentences. Make sure that you include the main points made by both doctors. Use the structures you learned for expressing opinions. Then listen again to the extract to make sure you have not missed anything important.

A partir de sus notas escriba frases que expresen las opiniones de los médicos.

Actividad 1.9

In this activity you will listen to several people giving their opinions on conventional and alternative medicine.

1 Listen to the first part of Extract 4 on the Activities Cassette (up to *que puede curar muchísimas enfermedades*), where several people give their opinion on alternative medicine. Tick the appropriate boxes according to whether each person is for it or against it and if they have changed their mind about it recently. Do not check your answers in the *Clave* until you have done step 2.

Escuche la primera parte del Extracto 4 en la Cinta de actividades, donde varias personas dan su opinión sobre la medicina alternativa. Diga si están a favor o en contra, y si han cambiado de opinión recientemente.

	A favor	En contra	Ha cambiado de opinión
(a) primera persona	❑	❑	❑
(b) segunda persona	❑	❑	❑
(c) tercera persona	❑	❑	❑
(d) cuarta persona	❑	❑	❑

2 Now listen to the rest of Extract 4, in which someone gives her opinion about conventional medicine. Complete the following with the four points she makes. You don't need to take down literally everything she says.

Ahora escuche el resto del Extracto 4 y apunte las cuatro ideas que se mencionan en relación con la medicina convencional.

> La medicina convencional creo que ...... y que ...... y que .... Pero es verdad también que ....

3 Write a short paragraph in Spanish of about 50 words summarizing the advantages and disadvantages of conventional medicine, based on what you have heard and your own opinions. You may use the following structures:

Escriba un párrafo de unas 50 palabras resumiendo las ventajas y desventajas de la medicina convencional. Puede usar estas estructuras:

> Las ventajas de ...... son ...... pero ....
>
> Las desventajas de ...... son ...... y ...... , sin embargo ....
>
> Yo creo que ....

Actividad 1.10

In this activity you will practise asking other people what they think.

1 Look at the questions below. Which of them has to be answered by 'yes' or 'no'?

Preste atención a las siguientes formas para preguntar opinión y diga cuál debe contestarse con 'sí' o con 'no'.

¿Qué opinas sobre la experimentación con animales?

¿Crees que cada vez hay más enfermedades?

¿Qué piensas del turismo ecológico?

Atando cabos

Asking someone's opinion

To ask someone else's opinion, use the verbs that you learned for expressing opinions: *creer*, *pensar*, and *opinar*.

> ¿Qué crees/opinas/piensas tú (de/sobre esto)?

> ¿Crees/opinas/piensas que es importante...?

There are two types of question:

* 'Closed' questions, which can only be answered by 'yes' or 'no':

   > ¿Cree usted que los controles de velocidad son necesarios?

   > Sí, yo creo que sí. / No, yo creo que no.

* 'Open' questions, which can only be answered by a full statement. The verbs of opinions are followed by *sobre* or *de* + noun/infinitive to indicate what the question is about:

   > ¿Qué opina sobre los controles de velocidad?

   > Yo pienso que son necesarios.

2

El preguntón

Now record yourself asking for opinions on the topics overleaf. Use the *usted* form. Try to ask at least one question for each topic using a different structure each time. Do not write anything, just ask! You have only one minute!

Grábese preguntando la opinión sobre los temas que siguen (pág. 24). Use la forma de 'usted'.

Ejemplos

La medicina convencional: *¿Qué piensa usted de la medicina convencional?*

Tomar el sol es bueno: *¿Cree que es bueno tomar el sol?*

(a) la medicina natural es una pérdida de tiempo

(b) la curación mediante colores

(c) los tratamientos convencionales son los más eficaces

(d) las propiedades curativas de plantas y de árboles

(e) la aspirina cura el dolor de cabeza

(f) la venta de medicamentos farmacéuticos es una mafia

3   Now listen to your recording and check the following:

(a) How many different structures have you used?

(b) What prepositions did you use after *opinar* and *pensar*?

(c) Have you used *creer + que...*?

(d) Does it sound like you are asking a question?

(e) Are all the sounds clearly pronounced?

(f) Are the words clearly identifiable and understandable?

(g) Are there many pauses and hesitations?

Write down in your *Diario* what aspects you need to improve on (intonation, hesitations, pronunciation of specific sounds, etc).

Learning how to assess your own spoken Spanish is an important part of your progress. Knowing what to listen out for and what to check will help you become a more independent learner.

4   Now listen to Extract 5 on the Activities Cassette where you will find model questions for *El preguntón*. Pause the cassette after each of the questions and repeat it trying to copy the intonation.

Ahora escuche el Extracto 5 en la Cinta de actividades. Pare la cinta después de cada una de las preguntas modelo y repítala.

5   How do you find this exercise with *El preguntón*? Is it useful? What do you think its aims are?

¿Qué piensa de 'El preguntón'? ¿Útil? ¿Para qué sirve? Reflexione sobre los objetivos de esta actividad.

Pronunciación

Do *Práctica 11* in the Pronunciation Practice Cassette and Booklet to practise the sounds /p/, /t/ and /k/.

Del dicho al hecho

Prepare a questionnaire about public opinion on health matters. Put the questions to other Spanish speakers you may know: face to face, by telephone, by post or e-mail. Here are some sample themes:

1   Lo que es más perjudicial o bueno para la salud

2   Tipo de medicina que la gente considera mejor (convencional, alternativa, homeopática, etc)

Sesión 3   Remedios caseros

In this session you will work on more ways of expressing opinions. You will also work on the third episode of the Audio Drama, *Las vergüenzas de don Zacarías,* which is about remedies and health matters.

Actividad 1.11

In this activity you will practise using the verb *parecer* to express opinions.

1   Look at the sentences below. How else could you say them in Spanish, using a different verb?

Transforme las siguientes frases cambiando el verbo.

— ¿Qué te parece esta camisa que me he comprado?

— ¡Me parece superbonita!

Atando cabos

Using 'parecer' to express opinions

The verb *parecer* is widely used when expressing opinions. It behaves in the same way as *gustar*, that is, the English subject becomes the object in Spanish.

In this book you will learn to use it to ask for and give opinions about someone or something, so the structure is:

Indirect object pronoun + *parece(n)* + opinion

Note that *parece(n)* is not followed by *sobre* or *de*.

Here are some examples:

¿Qué **te** parece la medicina alternativa?

Me parece muy buena.

Me parece que tiene mucho que ofrecer.

¿Qué **os** parecen las instalaciones del balneario?

Nos parecen formidables.

2 Complete these sentences with the appropriate indirect object pronoun according to the pronoun in brackets.

Complete estas frases con los pronombres que faltan. La persona está indicada entre paréntesis.

Ejemplo

Me parece que sí. (**yo**)

(a) ¿A tu padre ...... parece bien gastar tanto dinero en medicinas? (él)

(b) No ...... parece muy bien porque los tratamientos son largos y costosos. (ella)

(c) ...... parece que es bueno para descansar y relajarnos un poco, por eso venimos. (nosotros)

(d) ¿Qué ...... parece si pasamos las próximas vacaciones en un balneario? (vosotros)

(e) ¿No ...... parece que vale la pena probar? (ustedes)

3 Now complete the table below with all the indirect object pronouns.

Ahora complete la tabla con todas las formas de los pronombres objeto.

(yo)	me	
(tú)		
(él, ella; Ud.)		parece…
(nosotros, -as)	nos	
(vosotros, -as)		
(ellos, ellas; Uds.)		

Aceite y romero frito, bálsamo bendito

Cena poco, come más, duerme en alto y vivirás

Actividad 1.12

In this activity you will practise the use of prepositional pronouns for emphasis and contrast.

Atando cabos

'A mí me parece...': Using prepositional pronouns for emphasis

Read the following dialogue and note the use of *a mí*.

—	¿Qué os parece?
Javier	Ni bien ni mal...
Pedro	A mí me parece bien.

Pedro uses *a mí* to express **his** opinion (emphasizing that it is **his** opinion) and to contrast it with Javier's.

The preposition *a* + the appropriate one of the following pronouns are used before the object pronoun for emphasis or contrast:

mí

ti

él, ella; usted

nosotros, -as

vosotros, -as

ellos, ellas; ustedes

More information on these pronouns can be found on pages 206–7 of the Spanish Grammar.

To ask someone's opinion		To express opinion	
		A mí	me parece que
¿A ti	te parece que?	A ti	te parece que
¿A él/ella	le parece que?	A él/ella	le parece que
¿A usted	le parece que?	A usted	le parece que
		A nosotros, –as	nos parece que
¿A vosotros, –as	os parece que?	A vosotros, –as	os parece que
¿A ellos/ellas	les parece que?	A ellos/ellas	les parece que
¿A ustedes	les parece que?	A ustedes	les parece que

1 Answer the following questions, using *a* + pronoun and the verb *parecer.*

Conteste las siguientes preguntas como en el ejemplo.

> **Ejemplo**
>
> — ¿Qué te parece este jarabe para la tos?
>
> — A mí me parece bastante bueno.

(a) ¿A ti qué te parece la combinación de medicina convencional y alternativa?

(b) ¿Qué les parece mejor a las personas mayores: prevenir o curar?

(c) ¿A vosotros os parece que la aspirina es eficaz contra la gripe?

(d) ¿A usted le parecen fiables los homeópatas?

(e) ¿Qué remedio para la gripe le parece a usted más eficaz?

2 Listen to Extract 6 on the Activities Cassette and agree or disagree with the statements made, according to the prompt. The following *Atando cabos* will help you.

Escuche el Extracto 6 en la Cinta de actividades y muestre acuerdo o desacuerdo con lo que se dice. Lea primero el 'Atando cabos'.

Atando cabos

Agreeing and disagreeing with a statement

The following phrases are used to express agreement or disagreement with a statement:

Agreeing with an affirmative statement:

> — A mí me gustan las flores.
>
> — **A mí también.**

> — Creo que va a llover.
>
> — **Yo también.**

Disagreeing with an affirmative statement:

> — A mí me gustan las flores.
>
> — **(Pues) a mí no.**

> — Creo que va a llover.
>
> — **(Pues) yo no.**

Agreeing with a negative statement:

> — A mí no me gustan las flores.
>
> — **A mí tampoco.**

> — No creo que llueva.
>
> — **Yo tampoco.**

Disagreeing with a negative statement:

> — A mí no me gustan las flores.
>
> — **(Pues) a mí sí.**

> — No creo que llueva.
>
> — **(Pues) yo sí.**

3 You are now going to disagree with some opinions expressed using *parecer*. Listen to Extract 7 on the Activities Cassette and follow the instructions.

Ahora va a mostrar desacuerdo con una opinión. Escuche el Extracto 7 en la Cinta de actividades y siga las instrucciones.

4 Read Extracts 6 and 7 in the Transcript Booklet and work out the phrases used to express agreement or disagreement with a statement. Compare your conclusions with the *Atando cabos* above.

Con ayuda de la transcripción intente adivinar la regla para expresar acuerdo y desacuerdo.

Actividad 1.13

In this activity you will find out what happens in the third episode of the Audio Drama, *Las vergüenzas de don Zacarías*.

1 Listen to the whole episode once and match the following statements with the character who says them:

Escuche todo el episodio una vez y una estas palabras con los personajes que las dicen:

(a) … Zacarías, por cierto, quedó el último.

(b) Parece una medicina.

(c) Tengo que hacerme los análisis.

(d) ¿Ortigas?

(e) Es un balneario de aguas termales.

(f) ¡Estás embarazada de verdad!

(g) ¡Está desnudo!

(i) Don Zacarías

(ii) Rosita

(iii) Narradora

(iv) Carlos

(v) Isabel

2 One way of making sure you understand a whole episode is to divide it into scenes and identify the principal event in each one. You can tell when scenes begin and end from what the narrator says or because the characters change, for example. Below is a list of the scenes in the episode, with the names of the characters in each one. Listen to Episode 3 again and fill in the table with the main event(s) that happen in each scene.

Escuche el Episodio 3 otra vez y diga qué pasa en cada una de las siguientes escenas.

En la casa		
Escena	**Personajes**	**Lo que pasa**
I	Zacarías	Encuentra por casualidad algo para hacer una prueba de embarazo y saca la conclusión de que Rosita está embarazada.
II	Rosita e Isabel	Hablan de…
III	Rosita, Isabel, Carlos y Zacarías	Descubren que Zacarías sufre de… y se habla de… Deciden ir a visitar…
En el balneario		
IV	Zacarías, Rosita, Isabel y Carlos	
V	Isabel y Rosita	
VI	Carlos, Isabel y Rosita	
VII	Zacarías, Isabel, Carlos y Rosita	Conclusión.

3 Which of the following reasons best explains the title of the episode? Explain your choice in English or in Spanish.

Ahora explique, en inglés o en español, cuáles de las siguientes razones explica mejor el título.

'Las vergüenzas de don Zacarías' porque:

(a) … don Zacarías pierde el campeonato de damas quedando el último. ❏

(b) … don Zacarías piensa que Rosita está embarazada. ❏

(c) … Rosita y Carlos no creen que las ortigas curen el reuma. ❏

(d) … don Zacarías se mete en la piscina del balneario sin nada de ropa, completamente desnudo. ❏

Actividad 1.14

Zacarías has a health problem: rheumatism. In Episode 3 it becomes clear that different members of the family have different opinions about how health problems should be treated.

1 Listen to Extract 8 on the Activities Cassette and write down the preparation and use of Don Zacarías's remedy for rheumatism.

Escuche el Extracto 8 en la Cinta de actividades y tome notas del remedio que describe don Zacarías.

2 The topic of health crops up often in this episode of the Audio Drama. Scan the transcript for examples of the following:

Ahora lea la transcripción del tercer episodio del radiodrama y busque lo siguiente:

(a) Advice about health given by a member of the family.

(b) Exchanges in which one member of the family enquires about another's health and the answer.

Pronunciación

Do *Práctica 12* in the Pronunciation Practice Booklet and Cassette to practise stressed and unstressed vowels.

Poco dinero, poca salud

Salud, dineros y larga vida, y el paraíso a la partida

Unidad 2
Medicina natural

In this *unidad* you will learn how to give advice and make recommendations in the context of medicine and health.

Learning Objectives

By the end of this *unidad* you should be able to:

- Request and give advice;
- Use and form the imperative;
- Make recommendations;
- Talk about natural remedies for illnesses.

Key Learning Points

Sesión 1

- Talking about aches, pains and illnesses.
- Expressing the dosage of medicines and remedies.
- Revising purpose.
- Vocabulary relating to illnesses and remedies.

Sesión 2

- Asking for advice and suggestions.
- Giving advice using the imperative.

Sesión 3

- Giving advice and recommendations: verbs of advice (*aconsejar*, *recomendar*) and other structures.
- Vocabulary relating to a healthy lifestyle.

Study chart

Activity	Timing (minutes)	Learning point	Materials
		Sesión 1 *¡A ver cómo me curas!*	
2.1	30	Talking about ailments	Activities Cassette, Transcript Booklet
2.2	20	Herbs for healing; revising how to express purpose	
2.3	15	Vocabulary: false friends	
2.4	30	Talking about dosages and remedies	Activities Cassette
2.5	20	*Buzón abierto:* giving opinions	Activities Cassette
2.6	15	Song *A mi burro*	Activities Cassette
	10	**Pronunciation**: Intonation in statements	Pronunciation Practice Cassette and Booklet
		Sesión 2 *Dame un buen consejo*	
2.7	20	Listening comprehension	Activities Cassette
2.8	15	Asking for advice orally	
2.9	40	Giving advice using the imperative	
2.10	40	The imperative of pronominal, radical changing and irregular verbs	
2.11	20	Using the imperative with object pronouns	Activities Cassette
		Sesión 3 *Te lo recomiendo*	
2.12	30	Giving advice using forms other than the imperative	Activities Cassette, Transcript Booklet
2.13	20	Giving advice and recommendations orally	Activities Cassette
2.14	20	Giving people advice for a healthier lifestyle	Activities Cassette
2.15	30	Rewriting a text from notes	
2.16	20	Listening to advertising slogans	Activities Cassette, Transcript Booklet
	10	**Pronunciation**: the letter 'h'	Pronunciation Practice Cassette and Booklet

Sesión 1   ¡A ver cómo me curas!

In this session you will learn how to talk about health, maladies, medicines and remedies.

Actividad 2.1

In this activity you will practise saying how you are.

1   Answer the following questions:

Conteste estas preguntas:

(a) How would you ask somebody in Spanish how they are?

(b) How would you reply to say that you are well?

Atando cabos

Saying you are unwell: aches, pains and illnesses

To say that you're not feeling well (in general), you can say:

> No me encuentro bien. / No me siento bien.

> Me encuentro mal. / Me siento mal.

You can also use:

> **Estoy** enfermo, -ma. / No estoy bien.

> **Estoy** cansado, -da / deprimido, -da / mareado, -da.

To explain where in particular it hurts, you can say:

> **Me duele** la cabeza.

> **Me duelen** las piernas.

Note that in Spanish you don´t say *Me duele* **mi** *garganta*. The **me** in *me duele* makes it clear enough that someone is talking about themselves. For more details, see pages 142–3 of the Spanish Grammar.

For some parts of the body you can also use the structure:

> **Tengo dolor de** cabeza, de espalda, de estómago...

For other symptoms, use:

> **Tengo** fiebre, tos, insomnio, mareos, diarrea, un resfriado...

2   Look at the pictures opposite and note down the ailments the characters are suffering from:

Escriba de qué se están quejando estas personas:

Ejemplo

Le duele la cabeza. / Tiene dolor de cabeza.

¿Qué le pasa?

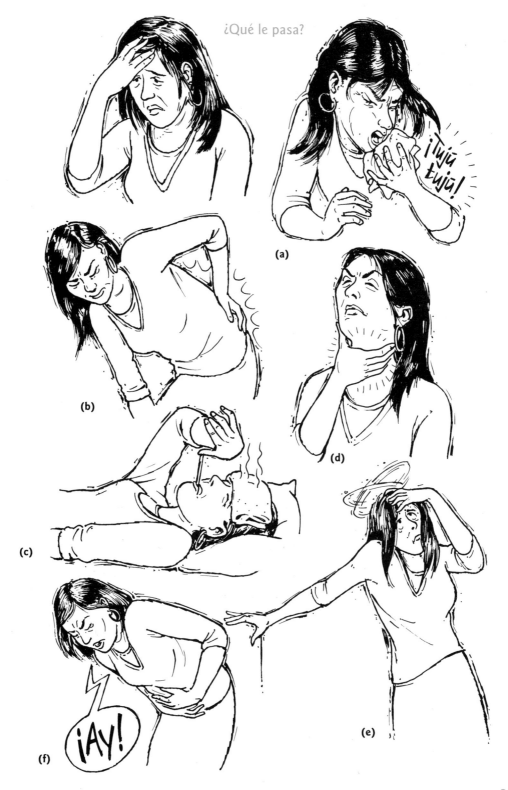

(a)

(b)

(c)

(d)

(e)

(f)

3 Listen to Extract 9 on the Activities Cassette and answer the questions about health using the expressions you have just learned. Follow the prompts.

Escuche el Extracto 9 en la Cinta de actividades y conteste las preguntas.

4 Read the questions from Extract 9 in the Transcript Booklet. They are all questions you would ask someone who is obviously unwell. Note any of the questions that you don't know in your *Diario*.

Lea ahora la transcripción del Extracto 9 y apunte todas las preguntas que se hacen. Escriba en su Diario las expresiones que no conozca.

Actividad 2.2

In this activity you will read a text about natural remedies.

1 First of all write down the names in Spanish of these plants commonly used in the preparation of natural remedies. Use your dictionary if necessary.

Antes de leer el texto escriba el nombre de estas plantas usadas en la preparación de remedios naturales.

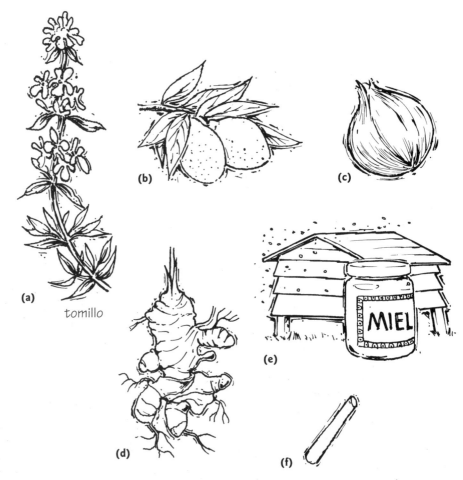

(a) tomillo

(b)

(c)

(d)

(e)

(f)

2 Now read the text *Zumos, hierbas, infusiones*, which talks
about remedies for colds and flu. Find words or expressions in the text
which mean the same as the terms listed below. Give examples of each
word as used in the text, as in the example:

*Ahora lea este texto y encuentre palabras que signifiquen lo mismo que
los términos de la lista a continuación:*

Ejemplo

Extracto líquido concentrado de una sustancia normalmente
aromática: esencia

(aceites de esencias de plantas, esencia de orégano)

(a) Líquido que resulta de cocer en agua sustancias vegetales o animales

(b) Tomar bebida, comida o alimentos

(c) Tiendas en las que se venden plantas medicinales

(d) Amigo

(e) Pequeña cantidad de algún líquido

(f) Endulzado con

(g) Bebida que se obtiene de diversos frutos o hierbas aromáticas, como
té, café, manzanilla, etc., introduciéndolos en agua hirviendo

Zumos, hierbas, infusiones

El zumo de limón con agua caliente y miel, es, sin duda, el remedio más conocido para prevenir y aliviar los síntomas de las enfermedades del invierno. Pero, además, hay otras recetas naturales capaces de ayudar a sanar el cuerpo.

• La cebolla es un aliado menos reconocido, pero igualmente efectivo. Un vaso de jugo de cebolla al día ayuda a vencer cualquier proceso infeccioso.

• Las infusiones como la menta, el tomillo…, o una decocción de jéngibre son muy beneficiosas. Bebe varias tazas calientes al día, edulcoradas con miel.

• Tomar aceites de esencias de plantas por vía oral es una forma muy eficaz para vencer procesos catarrales y gripales. Tómalos depositando las gotas indicadas en un poco de azúcar moreno. Por ejemplo, se suelen tomar tres gotas de aceite de ciprés, tres veces al día o cinco gotas de esencia de limón justo media hora antes de las comidas.

Debes saber

Un remedio para frenar los ataques de tos es ingerir cuatro gotas de esencia de orégano (de venta en herbolarios).

(Extracto de un artículo aparecido en *Mía*, 1997)

3 Using the information from the text, complete the following descriptions of remedies. Mention the ingredient(s), the purpose and how they should be prepared and/or taken.

Con ayuda de la información del texto describa cada remedio.

Ejemplo

El zumo de limón sirve para prevenir y aliviar los síntomas de las enfermedades de invierno. Se toma con agua caliente y miel.

(a) La cebolla

(b) Las infusiones de…

(c) El aceite de…

(d) La esencia de…

(e) La esencia de…

Actividad 2.3

Atando cabos

False friends

False friends (or *falsos amigos*) are words which look the same in two languages, but have different meanings. This can cause difficulties for the language learner.

For example, *actual* in Spanish means 'current', 'present', 'existing'; *sensible* means 'sensitive' (the Spanish for 'sensible' is *sensato*); *librería* means 'bookshop' (the Spanish for 'library' being *biblioteca*).

1 Match the words in the left-hand column with the definitions in the right-hand column. You may need to check their meaning in the dictionary. Be careful, they are false friends in English!

Haga corresponder las palabras de la columna de la izquierda con su significado en la de la derecha. ¡Cuidado, que son 'falsos amigos' del inglés!

(a) abusar | (i) (trabajador) no fijo o provisional
(b) ansioso, -sa | (ii) cartera grande para guardar papeles
(c) carpeta | (iii) que desea algo mucho o que tiene mucha angustia
(d) constipado | (iv) usar mal, excesiva o injustamente algo o a alguien
(e) eventual | (v) resfriado, con malestar en todo el cuerpo

2 Open a section in your *Diario* for false friends.

Abra una sección en su Diario dedicada a los falsos amigos.

HISPANOAMÉRICA

En muchos sitios en América estar 'constipado' significa lo mismo que en inglés.

Actividad 2.4

In this activity you will practise dosages for medicines.

Atando cabos

Talking about dosage

The dosage, *la dosis*, tells you how much or how many to have, how often and when.

To express when and how often, you can use these expressions:

> **todos** los días
>
> **cada dos horas**
>
> **una vez** al día
>
> **dos/tres veces** al día
>
> **por** las mañanas
>
> **antes/después de** comer, desayunar, acostarse...

To express quantity you can use:

> una cucharada/una cucharadita (de jarabe)
>
> the number of units:
>
> dos pastillas, tres comprimidos
>
> 50 ml (de jarabe)

1   What treatment would a doctor of conventional medicine prescribe for each of the following ailments? You may use some of the words from the medicine cupboard overleaf. Don't forget to indicate the dosage!

Usted va a su médico con las siguientes dolencias, ¿qué tratamiento cree que le receta?

Ejemplo

Para el dolor de cabeza: una aspirina cada cinco horas

(a) Para el dolor de muelas

(b) Para el dolor de estómago

(c) Para el resfriado

(d) Para el cólico

(e) Para la fiebre

(f) Para la tos

(g) Para el insomnio

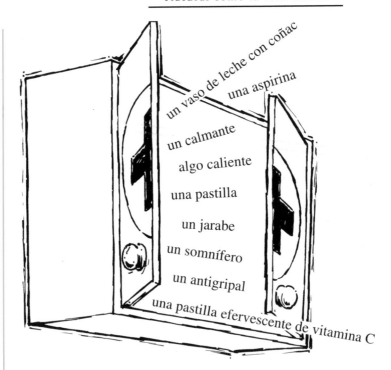

un vaso de leche con coñac

una aspirina

un calmante

algo caliente

una pastilla

un jarabe

un somnífero

un antigripal

una pastilla efervescente de vitamina C

2   Listen twice to Extract 10 on the Activities Cassette about healing herbs and write down the remedies suggested:

Escuche el Extracto 10 en la Cinta de actividades dos veces y anote los remedios que se sugieren:

(a) para el dolor de cabeza

(b) para los cólicos

3   Compare the natural remedies you heard about on the cassette with those prescribed by the doctor in step 1. Write down your opinion about which ones you think are more effective.

Compare los remedios naturales con los recetados por su médico en el paso 1.

Actividad 2.5

1   Record a brief message (30–50 words) for the radio programme *Buzón abierto* giving your opinion on any of the issues raised in the illustrations opposite. Do not check the *Clave* until the end of the activity.

Grabe un breve mensaje para el programa radiofónico Buzón abierto.

Buzón abierto

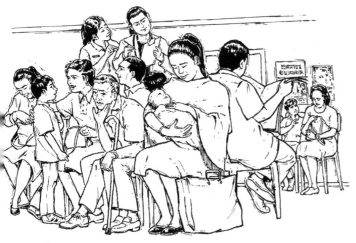

Listas de espera en los hospitales

Ejemplo

Buenos días, hoy me gustaría dar mi opinión sobre las listas de espera en los hospitales. Creo que si una persona está enferma, necesita atención lo antes posible. El Gobierno es el responsable de cuidar a sus ciudadanos.

Jóvenes fumadores

Conducir bajo los efectos del alcohol

Adicción al trabajo

2 Now listen to Extract 11 on the Activities Cassette where you will hear some opinions by other callers who have left messages. Identify the topic of each message.

Ahora escuche el Extracto 11 en la Cinta de actividades e identifique el tema de los mensajes.

Actividad 2.6

In this activity you will listen to a song about a very poorly donkey.

Listen to Extract 12 on the Activities Cassette and fill in the blanks with the words you hear.

Escuche el Extracto 12 en la Cinta de actividades y complete la canción con las palabras que faltan.

A mi burro, a mi burro
le duele la cabeza
y el médico le ha dado
una gorrita gruesa
una gorrita gruesa
mi burro enfermo está
mi burro enfermo está.

A mi burro, a mi burro
le duelen . . . .
y el médico le ha dado

. . . .

. . . .

mi burro enfermo está
mi burro enfermo está.

A mi burro, a mi burro
le duele . . . .
y el médico le ha dado

. . . .

mi burro enfermo está
mi burro enfermo está.

A mi burro, a mi burro
le duele el corazón
y el médico . . . .

. . . .

mi burro enfermo está
mi burro enfermo está.

A mi burro, a mi burro
. . . .
y el médico le ha dado

. . . .

. . . .

mi burro enfermo está
mi burro enfermo está.

Pronunciación

Do the exercises in *Práctica 13* of the Pronunciation Practice Cassette and Booklet to practise the intonation of statements.

⚓ Del dicho al hecho ⚓

You probably have your own remedies for the most common ailments (insomnia, toothache, loss of voice, aching feet…). Write your remedies down in your *Diario* or record yourself describing them in Spanish.

Sesión 2   Dame un buen consejo

In this session you are going to practise asking for advice and recommendations and learn how to use the imperative to give advice.

Actividad 2.7

You are going to listen to an audio extract about natural remedies and will concentrate on asking for advice and suggestions.

1   Listen to Extract 13 on the Activities Cassette once and match the symptoms or illnesses you hear with the appropriate remedy.

narrubio, santa maría, hierba maestra
names of herbs

Escuche el Extracto 13 en la Cinta de actividades una vez y empareje las molestias con sus respectivos remedios.

Enfermedades
(a) cólico

(b) cólico blando

(c) dolor de cabeza

(d) gripa

Remedios
(i) tinturas a base de seis hierbas

(ii) mates de orégano

(iii) marrubio, santa maría y hierba maestra

(iv) té de canela con marrubio

2   Listen to the extract again and write down the five questions asked by the interviewer. Check your answers in the Transcript Booklet before doing step 3.

Escuche el extracto otra vez y anote las preguntas que se hacen.

3   Now listen to the extract one last time. Stop the cassette after each of the questions and repeat. Try to copy the intonation.

Pare la cinta después de cada pregunta y repítala.

Atando cabos

Asking for advice and suggestions

The questions you heard in Extract 13 ask for advice. To ask for advice or suggestions a number of expressions can be used:

- Question word (such as *qué, cómo, cuántas* ....) + impersonal construction with *se*:

    Para el dolor de cabeza, ¿**qué se toma**?

- Question word + *poder* + infinitive (either personal or impersonal construction):

    ¿Qué se puede hacer?

    ¿Cómo puedo curarme?

- *Qué* + object pronoun + verbs of advice (*aconsejar / sugerir / recomendar*) (*para…*)

    ¿**Qué me aconsejas para** el mal de altura?

    ¿**Qué me sugieres para** poder dormir?

el mal de altura
altitude sickness

Actividad 2.8

Phone a health and beauty programme on the radio and ask for advice on the topics opposite. Read them first and make sure you understand all the words. Then record yourself asking for advice. Make sure that you use different types of question.

Llame a un programa de la radio sobre Belleza y Salud y pida consejo sobre los temas en la página siguiente.

Ejemplo

Cuerpo   quemaduras solares

- ¿Qué me aconseja para las quemaduras solares?
- ¿Qué puedo hacer para no quemarme con el sol?

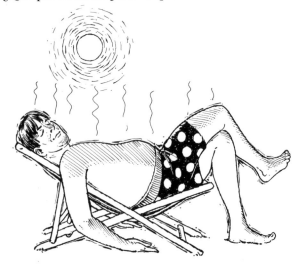

> **TODAS LAS CLAVES QUE NECESITAS PARA PROTEGER Y AUMENTAR LA BELLEZA DE TU PIEL Y ESTAR EN PLENA FORMA**
>
> ❑ **Bronceado**   conseguir un bronceado uniforme
>
> ❑ **Cabello**   frenar la caída del cabello
>
> ❑ **Cuerpo**   olor corporal
>
> ❑ **Piel**   irritación de la piel después del afeitado
>
> ❑ **Manos y uñas**   uñas vigorosas
>
> ❑ **Ojos**   ojeras

Actividad 2.9

You will learn how to understand advice given to you and how to give advice yourself. *El doctor Matasanos* gives you **sound** advice about some common problems.

1   Read the text once and identify which in your opinion is the funniest of the pieces of advice.

Lea el texto y decida cuál es el consejo más divertido que se da.

hacer el pino
to do a handstand

cola rápida
super glue

devolver
to be sick, to vomit

picazón
sore, itchy throat

palillo chino
chopstick

Las curas del doctor Matasanos

HIPO

1   Bébete media botella de ginebra sin respirar.

2   Haz el pino contra la pared y luego suelta las manos.

3   Échate cubitos de hielo por la espalda.

4   Disfrázate de monstruo y después mírate en el espejo.

5   Practica el paracaidismo.

DIENTES PEGADOS CON COLA RÁPIDA

1 Si esto te ocurre intenta separar los dientes con el serrucho.

2   Si el remedio anterior falla, aprovecha la circunstancia para ponerte a régimen.

TOS

1   Los remedios caseros suelen dar buenos resultados: toma una cucharada de sal con miel antes de ir a la cama. (Intenta no devolver, porque si no, no funciona.)

2   Si tienes picazón y vas a toser, coge un palillo chino y ráscate la garganta con él (acuérdate de sacarlo otra vez).

¡FUNCIONAN SI NO TE MATAN PRIMERO!

HERIDAS

1   Para las heridas, sobre todo si son malas, cúbrelas con alcohol etílico. Es un poco doloroso pero así se evita la infección.

2   Después, come una barra de chocolate para consolarte.

2   The advice in the text is given using a verb form called the imperative. Read the text and underline all the imperatives, then make a list of them with their respective infinitives.

Subraye los imperativos del texto y luego haga una lista con sus formas de infinitivo .

Ejemplo

bébete…   beber(se)

3   Now look at the imperatives of the verbs *practicar, comer* and *cubrir*. They all have regular imperative forms. How is the *tú* form of the imperative made? Try to work out the rule.

Intente sacar la regla para la formación del imperativo regular para 'tú'.

4   Note the forms for *usted*. Can you work out the rule for the regular forms of it?

¿Puede adivinar la regla para el imperativo de 'usted'?

Atando cabos

Giving advice using the imperative

One of the ways of giving advice in Spanish is by using the imperative. You have just seen the *tú* form of the imperative in the text. You will also be familiar with the *usted* form, as that is the one used in the instructions for the activities.

The table below gives you the imperative forms for regular verbs of the three conjugations:

	-ar: hablar	-er: beber	-ir: escribir
tú	habla	bebe	escribe
vosotros, -as	hablad	bebed	escribid
Ud.	hable	beba	escriba
Uds.	hablen	beban	escriban

Note: The *vosotros* form is formed by replacing the '–r' of the infinitive by '–d': *construir* ➜ *construid, ser* ➜ *sed*.

In colloquial spoken Spanish, you will hear that many people pronounce the plural imperative as an infinitive: not *Tomad la sopa*, but *Tomar la sopa*; not *Bebeos el café*, but *Beberos el café*.

HISPANOAMÉRICA

The *vosotros* form of the imperative is not used in Spanish America or in the Canary Islands; *ustedes* is used instead.

5 Now complete this table with the imperative of these verbs, which are all regular.

Complete el siguiente cuadro con las formas del imperativo. Todos los verbos son regulares.

	preparar	ayudar	comer	leer	abrir	resumir
tú	prepara					
vosotros, -as			comed			
Ud.						resuma
Uds.						

Actividad 2.10

In this activity you will find out about the imperative of pronominal verbs and some common irregulars.

Atando cabos

Imperative form of pronominal verbs

This is how you form the imperative of pronominal verbs:

- For the *tú* form: add '–te' to the imperative:

    peinarse: peina ➔ péinate

    comerse: come ➔ cómete todo

- For the *usted* form: add '–se' to the imperative:

    peinarse: peine ➔ péinese

    comerse: coma ➔ cómase todo

Note that many of the imperatives will have the stress on the third syllable once the pronoun is added. Stress on the third syllable is always shown by a written accent.

- *vosotros, –as* form: replace the final 'd' of the imperative with '–os':

    beberse: bebed ➔ bebeos la leche

    comerse: comed ➔ comeos todo

1 The words in bold in the sentences below are all imperatives of irregular verbs. Say whether they are in the *tú* or *usted* form and give the infinitive:

Los verbos en negrita son imperativos de verbos irregulares. Diga si las formas corresponden a tú o a usted y escriba la forma del infinitivo:

(a) **Haga** un esfuerzo.

(b) **Pon** el pan encima de la mesa.

(c) **Ven** aquí.

(d) **Ve** a la panadería y compra pan.

(e) **Contenga** la respiración durante 10 segundos.

(f) **Haz** lo que te digo.

(g) ¿**Diga**?

(h) **Ten** paciencia.

(i) ¡**Oiga**, camarero!

Atando cabos

Imperative forms of radical changing and irregular verbs ('tú' and 'usted' forms only)

Look at these examples:

	Present indicative	Imperative
hervir	(yo) hiervo	hierve (tú), hierva (usted)
recordar	(yo) recuerdo	recuerda (tú), recuerde (usted)
pedir	(yo) pido	pide (tú), pida (usted)

Note that the only irregularity in the imperative of radical changing verbs is that the root changes. The imperative forms follow the first person singular of the present indicative.

The rule above generally applies to irregular verbs in the *usted* form, but not in the *tú* form.

	Present indicative	Imperative
decir	(yo) digo	di (tú), diga (Ud.)
hacer	(yo) hago	haz (tú), haga (Ud.)
oír	(yo) oigo	oye (tú), oiga (Ud.)
poner	(yo) pongo	pon (tú), ponga (Ud.)
tener	(yo) tengo	ten (tú), tenga (Ud.)
venir	(yo) vengo	ven (tú), venga (Ud.)
ir	(yo) voy	ve (tú), vaya (Ud.)

G

2 Complete these sentences with the imperative of the verb and person given in brackets. If you need to, refer to the Spanish Grammar (pp. 253–302).

Ahora complete estas frases con la forma de imperativo correspondiente. Si tiene problemas consulte su libro de gramática (pág. 253–302).

Ejemplo

¿Qué hago para quitar esta mancha de vino?

Primero (**calentar–tú**) calienta agua.

(**Poner–usted**) Ponga un poco de sal inmediatamente.

(a) ¿Para el reuma? (**hervir–tú**) . . . . . . ortigas con sal y luego báñate en el líquido.

(b) ¿Qué hago para no ponerme nervioso? (**hacer–usted**) . . . . . . ejercicios de relajación.

(c) ¿Qué me aconsejas para descansar los ojos? (**Ponerse–tú**) . . . . . . rodajas de pepino sobre los ojos.

(d) (**tener–tú**) . . . . . . paciencia y espera, es lo único que te puedo aconsejar ahora.

(e) ¿Para salir bien en la foto? (**sonreír–usted**) . . . . . . , mire a la cámara, y (**decir–usted**) . . . . . . whisky.

(f) Para no tener que esperar, (**pedir–tú**) . . . . . . hora con el médico.

HISPANOAMÉRICA

In Spanish America, the expression *pedir cita* is used instead of *pedir hora*.

Actividad 2.11

You are now going to practise giving advice orally using the imperative.

1 Write down the imperative of the following verbs (for the *tú*, *usted* and *vosotros, -as* forms):

Escriba las formas del imperativo de los siguientes verbos:

(a) beber

(e) poner (*tú* and *usted* forms only)

(b) relajarse

(f) buscar

(c) mirar

(g) escribir

(d) comer

(h) dejar

Atando cabos

Enclitic pronouns with the imperative

When an affirmative imperative is used with object pronouns, these follow the verb, and verb and pronoun(s) are written as one word. When the pronoun is joined to the end of verb, it's called an 'enclitic' pronoun. Note that the position of the accent may change.

> **Ponlo** aquí.

> **Dale** el papel a tu padre.

2 Listen to Extract 14 on the Activities Cassette, in which you will hear a list of people's problems. Give your advice or suggestion. You will need the verbs you have just practised in step 1. Use the informal form (*tú* or *vosotros, -as*). Pay attention to the object pronouns.

A continuación va a escuchar una serie de problemas en el Extracto 14 en la Cinta de actividades. Dé su consejo o sugerencia. No olvide los pronombres de complemento.

Ejemplo

You will hear: *Tengo sed*, followed by the prompt: 'Then drink water'.

You respond: *Pues bebe agua.*

 **Del dicho al hecho**

You probably can think of some facetious advice similar to that given by *el doctor Matasanos*. Make up advice for *hipo, tos, heridas*, or anything else you can think of. Use the imperative to give it. You could ask another student of Spanish to do the same and see who suggests the most absurd piece of advice!

Sesión 3   Te lo recomiendo

In the previous session you learned how to give advice using the imperative. In this session you will learn other ways of giving advice and making recommendations. You will also revise and expand your vocabulary relating to health issues.

Actividad 2.12

You are going to listen to some advice for backaches.

1   Listen to Extract 15 on the Activities Cassette twice and note the advice which corresponds to the pictures below.

Escuche dos veces el Extracto 15 y marque los consejos que correspondan a los dibujos.

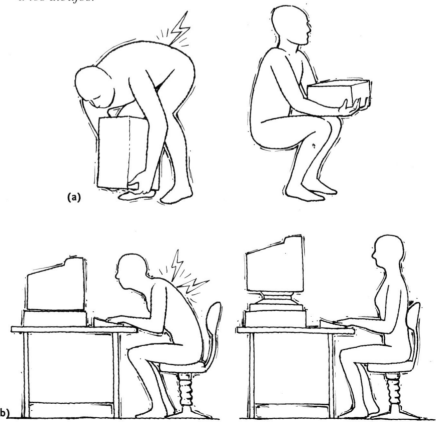

(a)

(b)

2 Underline the structures for giving advice that you find in the transcript of the extract.

Subraye en la transcripción las estructuras de consejo.

Atando cabos

Giving advice and making recommendations

Here are the most common ways of expressing advice:

- *Para…, el mejor consejo es* + infinitive.

- Pronoun + verbs of advice: *aconsejar/recomendar* + noun/infinitive.

    Le aconsejo una aspirina.

    Le recomiendo tomar una aspirina.

- *Para …, + es aconsejable / es recomendable* + noun/infinitive

    Para el lumbago es recomendable el calor.

- You can also tell someone what they should do: *debería(s)* + infinitive

    Si no se encuentra bien debería ir al médico.

- You can suggest what they could do: *podrías / puedes* + infinitive

    Podría/puede ir a un balneario para relajarse.

You can say what is best for something: *Para…, lo mejor / lo ideal es…*

    Para la gripe, lo mejor / lo ideal es quedarse en cama.

Or you can say what is usually done: *Para…, lo que se hace / lo que hacemos / lo que usamos…*

    Para el mal de altura lo que se hace es descansar, no comer mucho y tomar el mate de coca.

3 Now rewrite the advice from the audio extract using different structures.

Ahora escriba los consejos del extracto con otras expresiones.

Ejemplos

Es aconsejable dormir en una cama firme.

Se recomienda descansar la espalda sobre una base firme.

Actividad 2.13

In this activity you will practise making recommendations to people about their problems.

Listen to Extract 16 on the Activities Cassette, where you will hear some people talking about their problems. Give your advice or recommendation after each problem. Use *debería(s)* or the pronoun + *recomiendo* structure.

Escuche el Extracto 16 y dé su consejo.

Ejemplo

You hear   ¡*Tengo una tos terrible*!

You hear a prompt   'You should stop smoking' or 'I suggest you stop smoking'.

You could answer   *Deberías dejar de fumar* or *Te recomiendo dejar de fumar*.

Actividad 2.14

In this activity you will give advice to some people to help them live a healthier life.

1   Look at the following list of sentences (which you will hear in Extract 17) and make sure you understand them. What kind of health problem might each speaker have?

Mire la lista de lo que dicen estas personas a continuación y asegúrese de que las entiende.

–   No, no tengo tiempo, yo prefiero ver el deporte en la tele en casa, sentadito en el sillón.

–   Sí, yo sí fumo. Me fumo casi una cajetilla diaria.

–   A mí lo que me gusta es la carne. Nunca como verdura y pescado.

–   Mi trabajo me obliga a estar todo el día sentado a una mesa delante de la computadora. Apenas me muevo.

–   En mi tiempo libre leo o veo la tele en casa. A veces escucho música también.

–   Bueno… sí…, bebo vino en las comidas y luego por la noche uno o dos whiskys.

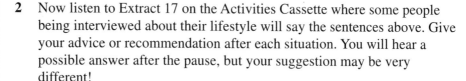

2   Now listen to Extract 17 on the Activities Cassette where some people being interviewed about their lifestyle will say the sentences above. Give your advice or recommendation after each situation. You will hear a possible answer after the pause, but your suggestion may be very different!

Escuche en el Extracto 17 en la Cinta de actividades a algunas personas hablando de sus malas costumbres y déles un consejo para llevar una vida sana.

Actividad 2.15

In this activity you will read two short texts relating to different aspects of healthy living.

1 Read these texts and complete a card for each, following this model.

Lea estos textos y complete una ficha sobre cada uno de ellos.

Texto número:

Ideas principales: para llevar una vida sana es importante/bueno ...

Razones:

Formas de conseguirlo:

---

1 Dieta mediterránea

No se trata de una referencia geográfica. En general se basa en el consumo de frutas, verduras, leguminosas y pescados especialmente azules, teniendo como elemento integrador el aceite de oliva. Es, en fin, la principal responsable de la longevidad y fortaleza de los habitantes del sur de Europa, aunque algunos también dicen que tiene la culpa de que el hombre mediterráneo se caracterice por sus escasos centímetros.

(*El País semanal*)

2 Los efectos del tabaco en el cuerpo

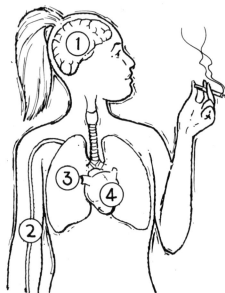

1. Cerebro

La nicotina libera endorfinas y produce cierta sensación de relax.

2. Circulación sanguínea

Las arterias y las venas se constriñen por lo que se eleva la presión sanguínea.

3. Pulmones

La nicotina entra en la sangre a través de los pulmones y alcanza el sistema nervioso en sólo siete segundos.

4. Corazón

Los fumadores suelen tener el ritmo cardiaco acelerado.

(*El Mundo*, miércoles 6 de agosto, 1997)

2   The first text you read, *Dieta mediterránea,* is different in style from *Los efectos del tabaco en el cuerpo,* which just gives a summary in note form of many points. Use *Los efectos del tabaco en el cuerpo* as your notes and write a text (approximately 70 words) based on it, following text 1 for style. You don't have to use all the information given and you may change the order and structures given. You may start with:

Escriba de nuevo el texto Los efectos del tabaco en el cuerpo *siguiendo el modelo de* Dieta Mediterránea. *Puede empezar así:*

Los efectos del tabaco en el cuerpo

¿Por qué deberíamos dejar de fumar? Si usted piensa que los efectos del tabaco en el cuerpo sólo son sobre los pulmones, está equivocado…

Actividad 2.16

1   All the ways of giving advice and making recommendations and suggestions that you have studied so far are found in advertising. Listen to the slogans in Extract 18 on the Activities Cassette twice and identify what they may be advertising.

Escuche las frases publicitarias del Extracto 18 y diga qué se anuncia.

Ejemplos

Para vivir hasta los cien, come fruta y verdura fresca todos los días: Campaña del Ministerio de Sanidad

2   Listen to the slogans again and classify them in the following table according to the structures used.

Escuche los eslóganes una vez más y clasifíquelos según las estructuras que se usan.

	Imperatives	Conditional: *si*…	Questions
Eslogan (a)		✓	

3   Now read the slogans in the Transcript Booklet, underline all the imperatives and give their respective infinitive.

Subraye los imperativos en la transcripción y dé sus formas de infinitivo.

Pronunciación

Go to the Pronunciation Practice Cassette and Booklet, *Práctica 14,* to practise the pronunciation of the letter 'h' in Spanish.

> **Del dicho al hecho**
>
> Look in the press for slogans advertising something. Take note of the slogans and underline the expressions used (imperatives, structures with *si*…, questions). See if you can guess what product is being advertised and which of its features are highlighted.

Unidad 3
Verde que te quiero verde

In this *unidad* you will learn how to talk about rules and how to express moral obligation. You will also become familiar with vocabulary relating to ecological issues.

Learning Objectives

By the end of this *unidad* you should be able to:

* Say whether things are allowed or not;

* Express moral obligation;

* Talk about ecological issues.

Key Learning Points

Sesión 1

* Saying whether or not something is allowed.

* Saying whether something should or should not be done.

* Vocabulary relating to *turismo rural* and nature.

Sesión 2

* Expressing what is morally correct (or not).

* Using the imperative for expressing rules.

* Vocabulary relating to nature conservation.

Sesión 3

* Expressing obligation and duty.

* Expressing moral obligation.

* Vocabulary relating to recycling.

Study chart

Activity	Timing (minutes)	Learning point	Materials
		Sesión 1 *Turismo rural*	
3.1	40	Saying what is and isn't allowed by regulations	Video
3.2	20	Using *se puede* and *no se puede*	
3.3	25	Reading about *el senderismo*	
3.4	20	Expressing moral obligation	
3.5	20	Rules for games	
		Sesión 2 *Xochimilco, Patrimonio de la Humanidad*	
3.6	30	Giving reasons and explanations	Video
3.7	20	Listening for specific information	Video, Transcript Booklet
3.8	60	Using the imperative to give rules and regulations	
		Sesión 3 *¡Todos a reciclar!*	
3.9	25	Vocabulary relating to recycling	Activities Cassette
3.10	35	Expressing different degrees of obligation and duty	Activities Cassette, Transcript Booklet
3.11	45	Using different ways of expressing obligation and duty	
3.12	20	Talking about environmental issues	Activities Cassette
	10	**Pronunciation**: Intonation pattern of 'yes/no' questions	Pronunciation Practice Cassette and Booklet

Sesión I Turismo rural

In this session you will be working with a variety of sources on different aspects of 'ecotourism'.

Actividad 3.1

In this activity you will watch a video sequence about Allariz, a village in Galicia, and a new form of tourism that has been established there: *turismo rural*.

1 First of all, answer the questions below in Spanish:

Responda en español a las siguientes preguntas:

> (a) ¿Qué es para usted el turismo rural? (Dónde se realiza, qué tipo de actividades de ocio se desarrollan…)
>
> (b) ¿Qué tipo de gente hace turismo rural? (Gustos, de qué edades, clase social, profesión…)

Sabía Ud. que...

El turismo rural es en España un fenómeno bastante reciente y muy de moda. Está en la línea del 'turismo sostenible' que la Unión Europea trata de poner en marcha en los países comunitarios con el fin de proteger y conservar el medio ambiente y el patrimonio histórico. Algo similar empieza ya a desarrollarse en los países hispanoamericanos.

2 Now watch the video sequence from 29:52 to 31:18 and compare your answers with those given by Cristina Cid, a councillor responsible for tourism. Note down those aspects you had not mentioned.

Vea la secuencia de vídeo (29:52–31:18) y compare sus respuestas con las de Cristina Cid.

Allariz

3 Watch the whole video sequence (29:52–33:16) and write under *se puede* and *no se puede* what is allowed and what is not allowed in Allariz.

Vea la secuencia de vídeo completa y anote bajo 'se puede' y 'no se puede' lo que está permitido y lo que no.

Se puede...	No se puede...
usar materiales originales	

4 *El ecoturismo* has revived Allariz. Write down in Spanish the specific benefits Cristina Cid mentions. Watch the video again if necessary.

Escriba en español los beneficios del ecoturismo que Cristina Cid menciona.

Atando cabos

Expressing what may and may not be done

In the video you came across several ways of stating what is allowed and what is not allowed. Here is a list of the different forms you may use:

It's allowed	It's not allowed
Se puede + infinitive *Se puede visitar el casco antiguo*	No se puede + infinitive *No se puede alquilar bicicletas*
Puedes + infinitive *Puedes traer comida de fuera*	No puedes + infinitive *No puedes cortar plantas*
Está permitido + infinitive / noun *Está permitido pescar* *Está permitida la pesca*	No está permitido + infinitive / noun *No está permitido cazar* *No está permitida la acampada libre* *No están permitidas las motocicletas*
Se permite + infinitive / noun *Se permite hacer fotos*	No se permite + infinitive / noun *No se permite usar flash*
	Está prohibido + infinitive / noun *El aluminio está (totalmente) prohibido* *Están prohibidos los animales sueltos*

There are three types of structure: the impersonal forms *se* + verb and *está* + past participle and the universal *tú* (personal form used with a general meaning). Note that in the structures with *está* + past participle, the past participle functions as an adjective and has to agree with the following noun. The infinitive behaves as a masculine noun, so *Está prohibido pisar la hierba*.

Actividad 3.2

Now it's time to practise some of the structures you have just learned.

1   Read the two lists below, one of things that are forbidden and one of things that are allowed. Record yourself saying full sentences about them. Use a variety of the expressions you have just learned.

Grábese dando normas, según las listas a continuación.

Ejemplo

No se puede / No está permitido encender fuego en el campo.

abandonar la basura en los parques	acampada / acampar en las áreas indicadas
encender fuego en el campo	hacer fotografías
el uso del flash dentro de la iglesia de San Martín	la pesca / pescar en los lugares indicados
la entrada de coches	

2   Now listen to your recording and check the points below. If you are not satisfied with your recording, record it again.

Ahora escuche su grabación y autoevalúese.

(a) The use of the different structures. Have you used a variety of expressions? Which ones never seem to come to mind?

(b) How clear your pronunciation is. Are you pronouncing final vowels clearly? What about 'b' and 'v', 'g', 'j' and 'd'? Do your 'p', 't' and /k/ sound Spanish? Did you remember to pronounce the 'll'?

(c) How fluent your speech sounds. Does it flow without unnecessary hesitations?

Actividad 3.3

In this activity you will learn about *senderismo*, an increasingly popular activity in Spain and Spanish America.

1   First of all, answer the following questions by ticking the correct option(s). Do not check your answers in the *Clave* before you do step 2.

Antes de leer el texto responda a las siguientes preguntas:

(a) ¿Qué es el senderismo?

    (i)   un deporte   ❑

    (ii)   una alternativa turística   ❑

    (iii) una actividad cultural   ❑

    (iv) una iniciativa conservacionista   ❑

(b) ¿De qué forma puede el senderismo contribuir a la conservación?

    (i)   con la construcción de caminos rurales   ❑

    (ii)   por el uso de caminos y carreteras tradicionales   ❑

    (iii) con la desaparición de carreteras asfaltadas   ❑

    (iv) por la utilización tan sólo de carreteras urbanas   ❑

tan sólo
only

2   Now read the text and compare it with your answers to step 1.

Ahora lea el texto y compruebe sus respuestas del paso 1.

Senderos de Navarra

Anda con nosotros

El senderismo supone algo más que una simple actividad deportiva o turística, ya que apoya e incentiva la conservación de los caminos y carreteras tradicionales, hoy en vía de desaparición. Hoy antiguos caminos pueden ser recuperados gracias a su uso por parte de los senderistas.

¿Qué son y a quiénes van orientados los senderos?

Los senderos, de **Gran Recorrido (GR)**, **Pequeño Recorrido (PR)** y **Local (SL)**, son una red de itinerarios pedestres que tratan de evitar, siempre que sea posible, el tránsito por carreteras asfaltadas y núcleos urbanos importantes.

Los **GR** se desarrollan a lo largo de grandes trayectos de cientos, e incluso miles de kilómetros como pueden ser los europeos. Unen puntos muy distantes y recorren regiones o países muy lejanos entre sí.

Los senderos **PR**, inferiores a treinta kilómetros de distancia, poseen unos trayectos más propios para conocer un valle o una zona de interés.

Finalmente quedan los **SL**, inferiores a seis kilómetros de recorrido, que ofrecen itinerarios más sencillos y que muestran unos entornos más específicos en las proximidades de una población o lugar de interés turístico, cultural o naturalístico. Son paseos de pie de monte, con pocos desniveles, indicados para el gran público.

Tanto unos como otros están destinados para todos aquellos que les guste andar, disfrutar de la naturaleza, observar y convivir con el mundo rural, y conocer aquello que la marcha les ofrece: la riqueza artística, la variedad sociocultural y la gastronómica, la artesanía…

En este tipo de turismo alternativo, también se puede gozar de aficiones como la fotografía, el dibujo, el interés por la flora y fauna, plenamente integrados en el mundo rural. A veces existen desviaciones que permiten acceder a lugares de interés arquitectónico, histórico o naturalístico.

No es necesario poseer unas condiciones físicas excepcionales ni una edad determinada. Cualquier persona que guste del paseo o la excursión puede utilizar los senderos, siguiendo las recomendaciones de los folletos y topoguías.

3 Now complete these sentences with what you have understood from the text and your own knowledge:

Ahora complete estas frases:

Ejemplo

El senderismo apoya… la conservación de caminos y carreteras tradicionales.

(a) La diferencia entre los GR, PR y SL es ……

(b) A las personas que hacen senderismo les gusta ……

(c) Además de gozar de la naturaleza se puede ……

(d) Para utilizar los senderos es aconsejable ……

(e) Todo el mundo puede hacer senderismo, ……

Actividad 3.4

You have become familiar with ways of expressing what is and isn't allowed. In this activity you will learn how to say what you should or should not do when you go camping.

Atando cabos

Expressing moral obligation

You now know how to say whether or not something is allowed according to prescribed rules. In many cases, however, things should (or should not) be done for wider reasons (such as an ethical code or social acceptability). Here are some structures to say what must (not) or should (not) be done:

- *se debe / no se debe* + infinitive:

    No se debe molestar a los animales.

- *debes / no debes* + infinitive (use of the universal *tú*):

    Debes respetar la naturaleza.

- *se debería / no se debería* + infinitive

    Se debería utilizar menos el coche.

    No se debería matar tantos animales.

Note that *se debería* is less forceful than the other two structures.

1   Here are a few things you should do to enjoy camping. Transform the sentences using *se debe / no se debe, se debería / no se debería* to say how you should respect the environment and enjoy yourself.

Transforme las frases y diga lo que se debe / no se debe, se debería / no se debería hacer en un campamento.

Ejemplo

Evitar tirar cosas al suelo y, si se encuentra algo tirado, recogerlo.

No se debe tirar cosas al suelo y, si se encuentra algo tirado, se debería recoger.

(a) Cuidar del material que se utilice. Si ya no sirve para cumplir su función, intente buscarle un nuevo uso, es decir, recíclelo.

(b) Respete y cuide las plantas y animales.

(c) Ponga todos los desperdicios en una bolsa de basura.

un tentempié
a snack

(d) Si se va de marcha durante más de una hora, no olvidar llevarse un tentempié.

(e) Si se va de marcha, es mejor evitar las horas del mediodía, porque suele hacer mucho calor y pueden surgir problemas de deshidratación.

2 Now it's your turn. Write at least four sentences giving your views on what one must(n't) or should(n't) do, take, wear, etc.

Escriba al menos cuatro frases sobre lo que se debe o se debería hacer en relación con la naturaleza.

Actividad 3.5

1 Read the following text which explains a camping game called 'Balloons with messages'.

Lea el siguiente texto.

prenda
forfeit

> ## Juegos de campamento:
> ## Los globos mensajeros
>
> HACEN FALTA TANTOS GLOBOS COMO JUGADORES. CADA JUGADOR COGE UN PAPEL Y ESCRIBE UN MENSAJE O PRENDA, QUE DESPUÉS METE DENTRO DE SU GLOBO. AL GRITO DE '¡ADELANTE!', TODOS LOS PARTICIPANTES TIRAN SU GLOBO A VOLAR. AL GRITO DE '¡EXPLOSIÓN!', CADA UNO ROMPE EL GLOBO DEL CONTRARIO Y BUSCA EL MENSAJE. NOS SENTAMOS TODOS EN CÍRCULO Y CADA UNO INTERPRETA SU MENSAJE O PRENDA.
>
> ### Ejemplos de prendas
> (te servirán para todos los juegos que quieras):
>
> CONTAR UN CHISTE
>
> CANTAR UNA CANCIÓN
>
> REPRESENTAR O IMITAR A ALGUIEN
>
> CONTAR UNA HISTORIA
>
> IMITAR A ALGÚN ANIMAL

2   Write five rules for this game, using the expressions and structures learned in this session.

Escriba cinco reglas para este juego.

Ejemplo

No está permitido explotar el globo propio.

> ⟫⟫ **Del dicho al hecho** ⟪⟪
>
> Inventing games is fun. Invent one and write its description in Spanish, including the appropriate rules. You can make it as absurd or as serious as you want and could try it out with colleagues, friends or family. Even better if you can explain it in Spanish! Otherwise, explain the rules of a game you know well.

Sesión 2   Xochimilco, Patrimonio de la Humanidad

In this session you are going to continue working on aspects of nature conservation. You will learn about Xochimilco, a site of scientific interest in Mexico, and some ecological rules for the conservation of nature.

Actividad 3.6   You will now find out what Juan Manuel Miranda has to say about Xochimilco.

1   Before watching the video, try to explain in English or Spanish the phrases in bold in the following sentences.

Antes de ver el vídeo, intente explicar las siguientes expresiones.

Ejemplo

Xochimilco fue declarado **Patrimonio de la Humanidad** porque es en sí un lugar natural.
Patrimonio de la Humanidad: Lugar de gran valor e interés mundial por sus características científicas, artísticas o culturales.

(a)   El **parque ecológico** de Xochimilco contiene especies de plantas únicas en el mundo.

(b)   Por ser el único espacio verde en la ciudad es considerado el **pulmón de la capital.**

(c)   Xochimilco es una **zona de rescate ecológico**, y hasta ahora hemos conseguido recuperar algunas aves en peligro de extinción.

2 Now watch the first part of the video sequence (33:17–34:44) twice and complete the following table about Xochimilco:

Ahora vea la primera parte de la secuencia de vídeo (33:17–34:44) dos veces y complete la siguiente ficha:

Localización	
Descripción/caracterización	
Actividades de Juan Manuel Miranda	
Significado de 'Xochimilco'	
¿Quién hablaba la lengua náhuatl?	

3 Now fill in the missing words from Juan Manuel Miranda's explanation of why Xochimilco was designated *Patrimonio de la Humanidad*. Then listen to the video (34:23–34:44) to check your answer.

Complete las palabras que faltan en este texto. Luego escuche la secuencia (34:23–34:44) y compare su respuesta.

chinampas
flower beds in rivers
and lakes

Fue declarado Patrimonio de la Humanidad (a) ...... Xochimilco en sí es un lugar natural: los canales… y las chinampas donde se siembran las… las flores, es… son únicos en el mundo. (b) ...... la UNESCO haya declarado a esta zona Patrimonio de la Humanidad, (c) ...... ser tan original en ese aspecto.

HISPANOAMÉRICA

In Mexico there are many place names derived from Nahuatl. (Some examples are Texcoco, Oaxaca and Taxco.) Words in Mexican Spanish containing the letter 'x' are often of Nahuatl origin. In many cases the 'x' has become a 'j' in Spanish, as in *jacal*, *Jalisco* and *jitomate*.

4 Make a note in your *Diario* of any new expressions for explaining reasons.

Anote en su Diario las nuevas expresiones de causa.

5 Watch the last part of the video sequence (34:45–36:14) and say whether the statements opposite are true or false. Correct the false ones in Spanish.

Vea la última parte del vídeo (34:45–36:14) y diga si las siguientes frases son verdaderas o falsas. Corrija las falsas en español.

Ejemplo

Sólo el Ayuntamiento se ha hecho cargo del proyecto.
Falso: La comunidad y el Ayuntamiento se han hecho cargo del proyecto.

	Verdadero	Falso
(a) La única finalidad del proyecto de rescate es crear puestos de trabajo en la comunidad.	❑	❑
(b) Todas las personas encargadas de la recuperación de las chinampas son voluntarias.	❑	❑
(c) La calidad del agua es un elemento clave en la recuperación de la zona.	❑	❑
(d) Se cultivan flores, verduras y legumbres.	❑	❑
(e) No se ha conseguido un efecto económico todavía.	❑	❑

6 Now that you have seen what Xochimilco is like, write some rules for tourists who visit the park suggesting what they can / cannot and should / should not do.

Escriba normas para los turistas que visitan Xochimilco.

Ejemplo

No está permitido el baño en el río.

Actividad 3.7

You will next hear four people say what can or can't be done, as well as what behaviour is expected, on 'green holidays'.

1 Before watching the video answer the following question in Spanish:

Antes de ver el vídeo responda a la siguiente pregunta:

Según usted, ¿qué está permitido y qué no está permitido en las vacaciones verdes?

2 Now watch the video sequence (36:15–37:44) and tick the topics mentioned. Note that the same topic may be mentioned using different words.

Ahora vea la secuencia de vídeo (36:15–37:44) y marque los temas que se mencionan.

	Primera persona	Segunda persona	Tercera persona	Cuarta persona
plantas y animales	✓			
árboles				
pescar				
comida				
fuego				
basura				
contaminantes				
ruido				

3 Now say aloud what you think might have been said in relation to each topic.

Ahora diga en voz alta lo que cree que se dijo con relación a cada uno de los temas.

Ejemplo

Se debe respetar los árboles.

4 Watch the video sequence (36:15–37:44) again and shadow read the transcript at the same time. Pay special attention to the structures used by the speakers to express what is permitted and what isn't. Write any new vocabulary in your *Diario*.

Lea la transcripción en voz alta al mismo tiempo que ve la secuencia de vídeo.

Actividad 3.8

In this activity you will work on a text about rules for the protection of the environment. First, you are going to do some work on word collocations. 'Collocations' are words that often occur together. In English, the word 'sunny', for example, collocates with 'day' and 'disposition'. 'Too' frequently collocates with 'much' and 'late'. The collocations of a word are the company that word keeps. Knowing a word gives an idea of (some of) its collocations.

1 Find which words in the left-hand column can go with the words in the right-hand column. You may find more than one possible collocation for some of them.

Encuentre qué palabras de la columna de la izquierda pueden ir con palabras de la columna de la derecha.

Ejemplo

capturar ⟷ animales

capturar	plantas
arrancar	animales
incendio	agua
encender	basuras y residuos
pérdidas	forestal
malgastar	económicas
arrojar	hogueras

2 Skim the text (p. 69) and say which of the following best represents its aim. Then check your answer in the *Clave* and find out the title.

Lea el texto por encima y piense cuál de los siguientes puntos representa mejor la función de este texto.

(a) to invite the reader to enjoy and admire the richness of Spanish flora and fauna ❏

(b) to make the reader visit the National Parks more often ❏

(c) to present the reader with basic rules for the protection of the natural environment ❏

(d) to inform the reader about the aims of National Parks ❏

• Disfrute y observe la riqueza de fauna y flora españolas, pero sin capturar animales ni plantas. No exporte ni intente importar objetos naturales sin autorización o información al respecto. • Los incendios forestales ocasionan en España graves pérdidas económicas y ecológicas. Sólo encienda hogueras en el campo en los lugares señalados para ello. • El agua es un bien escaso en la mayoría del territorio español. Evite malgastarla. • Las rodaduras de automóviles son uno de los agentes de inicio de erosión más poderosos. No invada con su vehículo el césped y la vegetación fuera de los caminos o carreteras. • La acampada libre es una de las causas más importantes de contaminación y deterioro del medio natural. Acampe sólo en las áreas dispuestas para ello. • España es un país deficitario en energía. Sea moderado en el uso de agua caliente, luz y aparatos de calefacción y aire acondicionado. • Si adquiere Ud. terrenos o edificios en España, infórmese previamente de sus condiciones urbanísticas en los Ayuntamientos respectivos. • Los monumentos y lugares históricos urbanos deben ser objeto de especial cuidado en cuanto al abandono de residuos. Evite arrojar colillas, envoltorios u otros objetos que puedan deteriorarlos.

(Secretaría General de Turismo, 1985)

3 Without reading the text again, match each ecological problem on the next page (left-hand column) with the respective rule to prevent it (right-hand column).

Sin volver a leer el texto, empareje cada problema ecológico con la norma que le corresponda.

NORMAS BÁSICAS PARA LA PROTECCIÓN DEL MEDIO AMBIENTE

SECRETARÍA GENERAL DE TURISMO

(a) Los incendios forestales ⟵⟶ ocasionan en España graves pérdidas económicas y ecológicas.

(b) El agua es un bien escaso en la mayoría del territorio español.

(c) Las rodaduras de automóvil son uno de los agentes de inicio de erosión más poderosos.

(d) El abandono de basuras en el medio natural constituye un atentado a la estética.

(e) La acampada libre es una de las causas más importantes de contaminación y deterioro del medio natural.

(f) España es un país deficitario en energía.

(i) Sólo encienda hogueras en el campo en los lugares señalados para ello.

(ii) No deje jamás en el campo ningún tipo de residuo orgánico o inorgánico.

(iii) Acampe sólo en las áreas dispuestas para ello.

(iv) Evite malgastarla.

(v) Sea moderado en el uso del agua caliente, luz y aparatos de calefacción y aire acondicionado.

(vi) No invada con su vehículo el césped y la vegetación fuera de los caminos o carreteras.

Del dicho al hecho

Imagine you are in charge of a National Park in Colombia, in an area where rain is scarce and fires are difficult to control. The park also has some rare animals and unique flora that need protecting. Write down, in Spanish, rules for visitors that would enable them to enjoy the park while ensuring the preservation and welfare of animals and plants in it.

Sesión 3 ¡Todos a reciclar!

In this session you will be working on the topic of recycling and other ecological issues.

Actividad 3.9

You are going to listen to someone talking about recycling in the home and his opinions about what should be done in order to encourage recycling.

1 Look at the drawings of objects frequently found in the rubbish bin and classify them under the following symbols:

Mire estos dibujos e intente clasificarlos según estos símbolos:

(a) reciclable

(b) no reciclable

(c) biodegradable

(d) contaminante
y peligroso

2 Listen to the first question on Extract 19 of the Activities Cassette (*¿En tu casa reciclas o haces algo para conservar el medio ambiente?*) and the answer. List in Spanish the things the speaker recycles.

Escuche la primera pregunta en el Extracto 19 y su respuesta, y anote las cosas que esta persona recicla.

3 Now answer the questions below in Spanish:

Ahora responda a las siguientes preguntas:

(a) ¿Son usted y sus conocidos personas ecológicas?

(b) ¿Qué se debería hacer para facilitar al ciudadano el reciclaje?

(c) ¿Se debería hacer obligatorio el reciclaje?

4 Now listen twice to Extract 19 and answer the questions in Spanish.

Ahora escuche el Extracto 19 dos veces y conteste las preguntas.

(a) ¿Son esta persona y sus conocidos personas ecológicas?

(b) ¿Qué cree esta persona que se debería hacer para facilitarle al ciudadano el reciclaje?

(c) ¿Piensa esta persona que se debería hacer obligatorio el reciclaje?

5 Compare your answers from step 3 with those of the interviewee. Would you say they are similar or very different?

Compare sus respuestas del paso 3 con las del chico del extracto de audio.

Actividad 3.10

Now you are going to learn how to talk about what must and what should be done.

1 Read the transcript of Extract 20 in the Transcript Booklet, in which three people say what they do at home to help the environment. Note down all the expressions used to suggest obligation.

Anote todas las expresiones de obligación y deber que encuentre en la transcripción del Extracto 20.

Atando cabos

Expressing obligation

The verbs usually used to express obligation are *tener que* and *deber*.

> *Tengo que / debo acabar esto para mañana.*

Obligation is also often expressed through impersonal structures:

- *Es preciso* + infinitive:

> *Es preciso acabar hoy.*

- *hay que* + infinitive:

    Hay que hacer obligatorio el uso de contenedores para vidrio.

- *se tiene que* + infinitive:

    Se tiene que facilitar la posibilidad de reciclar.

- *se debe* + infinitive:

    Se debe fomentar el uso de materiales reciclables.

To express a less strong and prescriptive sense of obligation, you may use:

- *habría que* + infinitive:

    Habría que concienciarse más sobre los temas medioambientales.

- *se tendría que* + infinitive:

    Se tendría que dar información más concreta.

- *se debería* + infinitive:

    Se debería educar al ciudadano desde la escuela.

You may also use the first person plural with a general meaning (universal 'we'):

- *tendríamos que* + infinitive:

    Tendríamos que cuidar más de este planeta.

- *deberíamos* + infinitive:

    Deberíamos saber exactamente qué materiales son reciclables.

2   Read the expressions of obligation and duty you found earlier and say whether they express the stronger sense of obligation or the less strong one.

Indique si las expresiones de obligación expresan obligación y deber fuerte o una obligación más débil, más de tipo moral.

Ejemplo

¿Qué se debería hacer?: less strong sense of obligation

3   Now listen to Extract 20 on the Activities Cassette twice without reading the transcript and complete the sentences below in such a way that they reflect what each person said:

Escuche el Extracto 20 dos veces y complete las frases a continuación:

(a)   La primera persona piensa que cada uno tiene que hacer lo posible para ....

(b)   La segunda persona hace ...... para preservar el medio ambiente.

(c)   La tercera persona conserva el medio ambiente pero piensa que la gente ....

Actividad 3.11

In this activity you will read a text about recycling household waste.

1   Before reading the text try to explain in Spanish what is meant by *la regla de las tres erres*: *reducir, reutilizar, reciclar.*

   Antes de leer el texto intente explicar en español en qué consiste la regla de las tres erres.

2   Put the paragraphs (a) to (d) in the correct order to make a coherent text.

   Ponga los cuatro párrafos del texto en el orden correcto.

Here are some general guidelines on the structure of a text:

* The first paragraph of a text introduces the topic.
* Examples are introduced in the middle part to explain, support and develop ideas.
* The last paragraph is a conclusion, in which the main arguments are consolidated.

   (a) Ejemplos de plantas de tratamiento ya existen en nuestro país. La que mejor funciona es la de la Mancomunidad de Montejurra (Navarra), donde se ha conseguido un elevado nivel de reutilización y reciclado. En la de Córdoba se produce un abono de gran calidad a un precio competitivo.

   (b) Para los ecologistas, es preciso poner en marcha la regla de las tres *erres*: reducir, reutilizar y reciclar. En primer lugar exige una producción limpia en origen, minimizando el uso de materias primas y contaminantes. Las que se usen deben ser mayoritariamente reutilizables. Las restantes deben ser reciclables.

   (c) En definitiva, los gobiernos de los países desarrollados tienen que convencerse de que la mayor fuente de materia prima se encuentra en sus vertederos. Y no cuesta nada.

   (d) Además, hay que separar la basura orgánica de la no orgánica. Las plantas de tratamiento tienen que separar esta última lo máximo posible. Y se debería imponer que para los residuos domésticos peligrosos, el fabricante se encargue de ellos. Es el caso de las medicinas sobrantes en la farmacia, los restos de pintura en la droguería o las pilas en el comercio.

   (Adaptado de 'Cómo reciclar la basura', *El Mundo*, 18 de agosto de 1997)

3   Now read the text in the correct order and find the words and expressions suggesting obligation.

   Ahora lea el texto en el orden correcto y subraye las expresiones que sugieran obligación.

4   Rewrite the sentences with expressions of obligation without changing their meaning.

   Ahora escriba de nuevo las frases que ha subrayado, pero sin cambiar su significado.

   Ejemplo

   <u>Es preciso</u> poner en marcha la regla de las tres erres:

   Hay que / **Se debe** poner en marcha la regla de las tres erres.

▼ Cantidad total de residuos

En millones de toneladas anuales

TOTAL: 88,46

Industria
4,96

Urbanos
14,9

Forestales,
agrarios y
ganaderos
46,09

Mineros
22,51

34.000
contenedores
de papel y
vidrio en
las calles

▼ Composición de los residuos

En toneladas anuales

Materia orgánica ►
6.568.229

Papel ►
3.158.835

RECICLAJE
37%
del papel y
cartón

Plásticos ►
3.158.835

RECICLAJE
30%
de botellas

Vidrio ►
1.033.556

Varios ►
920.208

Textiles ►
717.375

Metales férreos ►
511.558

Gomas y caucho ►
511.558

Madera ►
143.177

Metales no férreos ►
101.417

Actividad 3.12

Now you are going to use the expressions you have learned in this session orally.

Listen to Extract 21 on the Activities Cassette and answer the questions on different environmental issues. Model answers are on the cassette.

Escuche el Extracto 21 y conteste las preguntas.

Ejemplo

¿Qué puede usted reusar en su casa?

En casa... pues por ejemplo, el papel y los sobres. También, en la cocina, los frascos y botellas de cristal.

Pronunciación

Do the exercises in *Práctica 15* of the Pronunciation Practice Cassette and Booklet to practise the intonation pattern of yes/no questions.

Unidad 4 *Repaso*

In this *unidad* you will revise all the work done in the book so far. You will also revise and practise vocabulary relating to health and nature.

Revision Objectives

In this *unidad* you will revise how to:

- Express and ask for opinions;
- Express and enquire about purpose;
- Give reasons and explanations;
- State whether something is allowed or not;
- State whether something should or should not be done.

Key Revision Points

Sesión 1

- Expressing and asking for opinions.
- Expressing and enquiring about purpose.
- Giving advice and making recommendations.
- Vocabulary relating to health.

Sesión 2

- Expressing obligation.
- Stating whether or not something is allowed.
- Vocabulary relating to ecology and the environment.

Study chart

Activity	Timing (minutes)	Learning point	Materials
		Sesión 1 *7 de abril: Día de la Salud*	
4.1	20	Listening for specific information	Activities Cassette
4.2	30	Asking for opinions, advice and recommendations	Activities Cassette
4.3	30	Giving advice and recommendations	
4.4	10	Riddles and word games	Activities Cassette
4.5	20	Questions and answers about health	Activities Cassette
		Sesión 2 *5 de junio: Día Mundial del Medio Ambiente*	
4.6	25	Giving reasons for and causes of environmental problems	
4.7	15	Giving advice and recommendations	
4.8	15	Writing rules and slogans	
4.9	25	Rules and regulations relating to 'green' tourism	
4.10	20	Vocabulary relating to the environment	

Sesión 1   7 de abril: Día de la Salud

In this session you will assist *Radio Salud* in the making of its special broadcast for 7 April, *Día de la Salud*. You will introduce a programme and take part in interviews.

Actividad 4.1

In this activity you are going to prepare the introduction to a programme about a very Hispanic practice.

1   Listen to Extract 22 on the Activities Cassette twice. Use the first listening to find out the topic and the second to take notes on the main points of the extract. Check your notes in the *Clave* before doing the next step.

Escuche el Extracto 22 en la Cinta de actividades dos veces para averiguar el tema y tomar nota de la información más importante del extracto.

2   Using your notes, record yourself saying the content of the audio extract in your own words.

Con ayuda de sus notas, grábese diciendo el contenido del extracto de audio.

3 Now listen to your recording and check your performance:

Ahora evalúe su grabación:

(a) Did you include all the relevant points?

(b) Did you express your ideas clearly and convey what you meant?

Actividad 4.2

You are now going to interview Dr Martínez Avilés, a specialist in sleep-related issues from the Clínica Belmonte in Madrid.

1 Below are the answers the doctor gave in her interview. Write down the questions that were asked to obtain them.

Escriba las preguntas correspondientes a las respuestas de la entrevista.

Ejemplo

Pregunta   Doctora Martínez Avilés, ¿son muchos los españoles que duermen la siesta?

Doctora   No, yo creo que no, ya que según los últimos estudios sólo el 14% de los españoles duerme la siesta todos o casi todos los días, y el otro 13% lo hace una vez o más a la semana. Por otra parte, un 50% afirma que nunca duerme la siesta.

(a) Según mis datos los varones duermen más la siesta que las mujeres.

(b) Sí, los datos también muestran que los jóvenes y los mayores de 65 años son los más aficionados a dormir después de comer.

(c) Muchos creen que las ganas de dormir entre las dos y las cuatro de la tarde es consecuencia inmediata de una comida pesada o abundante, pero esto no es así.

(d) Una buena siesta no debe exceder los 20 ó 30 minutos. Si se sobrepasa, puede dejar de ser beneficiosa y provocar dolores de cabeza, confusión mental o insomnio nocturno.

(e) Las mejores horas son después de las comidas.

(f) Porque cuando hacemos la digestión se concentra más sangre en el estómago y esto produce una sensación de sopor o somnolencia o sueño.

(g) Bueno… lo mejor y más sano es dormir la siesta como hacemos los latinos, pero, si no se puede, los sajones, por ejemplo, aplacan esta necesidad con su famoso té.

2 Now listen to Extract 23 on the Activities Cassette, where you will find the whole interview, with questions you can use as models. Remember there is more than one way to formulate the same question!

Ahora escuche el Extracto 23 en la Cinta de actividades, donde se ha grabado la entrevista completa.

Actividad 4.3

This part of the radio programme is dedicated to audience participation. You will have to give advice to several callers with problems.

1 Read the notes of callers' problems in the right-hand column and match them with the appropriate advice, suggestion or recommendation in the left-hand column.

Empareje las consultas en la columna de la derecha con el consejo, recomendación, o sugerencia más apropiado.

Consejos	Consultas
(i) Muchos dermatólogos aconsejan utilizar cremas de filtro solar no sólo en verano y para tomar el sol, sino durante todo el año, ya que el 85% de los cánceres de piel se dan en la cara y en las manos.	(a) **Informanía** Mi trabajo me obliga a pasar muchas horas ante el ordenador. ¿Qué puedo hacer para relajarme?
(ii) Envuelva un par de cubitos de hielo en un paño de lana suave y páseselo alrededor de los ojos varias veces.	(b) **Mirada de hielo** Los fines de semana duermo muy poco porque estoy toda la noche de juerga y el lunes por la mañana tengo que ir a trabajar con los ojos cansados. ¿Qué me recomienda?
(iii) 'Las lágrimas que no se lloran envenenan la sangre' dicen. Investigaciones recientes les dan la razón: un llanto liberador reduce la presión sanguínea, y esto es beneficioso para el corazón y las arterias. Picar cebolla no ayuda: las lágrimas no emotivas carecen de estos efectos.	(c) **Piel joven** Para mí, la parte más importante de mi cuerpo es la piel. ¿Qué debería hacer para protegerla y retrasar su envejecimiento?
(iv) Para relajarse ante el ordenador, levante los hombros hasta las orejas y bájelos lentamente, tratando de adoptar una postura recta. Repítalo tres veces.	(d) **¡Qué bueno es llorar!** Soy muy llorona: lloro con las películas, con la música, con las alegrías, las tristezas… ¡con todo! ¡Hasta pelando cebollas! ¿Es malo? ¿Podría estar deprimida? ¿Debería ir al médico?

2 Reread the problems from step 1 and give each caller your own advice. Record yourself so that you can listen and assess yourself speaking as you have learned to do.

Lea las consultas del paso 1 y dé un consejo para cada una. Grábese.

Actividad 4.4

How good are you at word games and riddles?

Listen to the riddles in Extract 24 on the Activities Cassette twice and say which part of the body they refer to. There is an example overleaf.

Escuche los acertijos en el Extracto 24 en la Cinta de actividades dos veces e intente adivinar a qué parte del cuerpo se refiere cada uno.

Ejemplo

Una señora muy señoreada que siempre va en coche y siempre va mojada. ¿Qué es?

La lengua

Actividad 4.5

It's *El Día de la Salud* today and you have been stopped in the street and asked some questions about health issues.

1 Below are some of the questions you are asked. Have a blank cassette ready in your cassette recorder, then scan the questions quickly to get the gist and record yourself reading each question and answering it straightaway. Do not prepare your answer! Repeat the exercise as many times as you want.

A continuación tiene algunas de las preguntas que le hacen en la calle. Grabe la pregunta seguida de su respuesta.

(a) Para usted, ¿qué es lo más importante para estar sano?

(b) ¿Es usted adicto a algún alimento o bebida como el chocolate o la Coca-Cola?

(c) ¿Cree que las enfermedades son más psicosomáticas que físicas?

(d) ¿Puede recomendarnos una comida muy sana?

2 Now listen to Extract 25 on the Activities Cassette, where you will hear the answers other people have given to the questions.

Ahora escuche el Extracto 25, donde encontrará otras respuestas.

Y así nuestros dos amigos siguen una cura de aguas en las termas de Labourboule.

¿Chorro hidro terápico decís?

¡Justo!

¡Soltad esas toxinas, tragones!

Esto fortalece vuestro aparato circulatorio

Está en manos de un buen quiromasajista

... EL TRATAMIENTO RESULTA PARTICULARMENTE DURO A LA HORA DE LAS COMIDAS.

Sesión 2   5 de junio: Día Mundial del Medio Ambiente

Your magazine *En camino* is publishing a special issue to commemorate 5 June, *Día Mundial del Medio Ambiente*. You will be working on the following sections: *Imágenes, Educación ambiental, Consumidor, Pasatiempos* and *Notas*.

Actividad 4.6

Imágenes is the department that deals with the visual items of your magazine. In the special issue, the visual images are of environmental problems.

1   Look at the following six drawings and write down the ecological problems they illustrate.

   Mire estos seis dibujos y escriba los problemas medioambientales que presentan.

Ejemplo

Dibujo (a) Destrucción del paisaje costero y de las playas

Dibujo (b)

Dibujo (c)

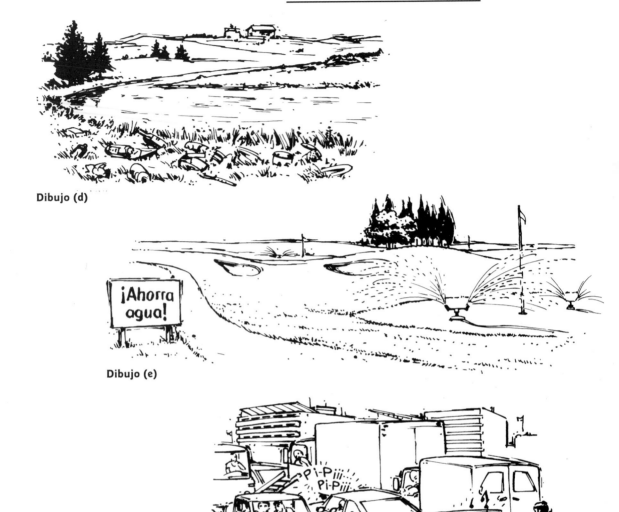

Dibujo (d)

¡Ahorra agua!

Dibujo (e)

PI-Piii...
Pi-Piii

Dibujo (f)

2 Explain in a few words in Spanish what caused each of the environmental problems illustrated in the six drawings.

Dé las razones para cada problema medioambiental.

Ejemplo

¿Por qué se ha llegado a la destrucción del paisaje costero y de las playas?

Por la construcción masiva de hoteles a lo largo de la costa.

Actividad 4.7

Consumidor gives your readers information on shopping and consumer goods. In this issue you will give advice on how to become a 'greener' consumer.

Read the text below and fill in the gaps with the words and expressions in the box that give advice and make recommendations. You can use some of the expressions more than once.

Lea el texto y rellene los espacios en blanco con las expresiones de dar consejo.

> otro consejo, preferible, mejor, se aconseja, recomiendan, se debería, no se debe, el mejor consejo

CÓMO COMPRAR PARA DAÑAR MENOS EL MEDIO AMBIENTE

La Confederación Estatal de Consumidores y Usuarios (CECU), la Coordinadora de Organizaciones de Defensa Ambiental (CODA) y la Asociación Ecologista Greenpeace están llevando a cabo una campaña bajo el lema « Cómo comprar mejor para dañar menos el medio ambiente ».

En la campaña (a) ...... comprar envases de vidrio retornable ya que la reutilización del vidrio apenas encarece el producto, supone un ahorro energético y no genera residuos.

(b) ...... es aumentar el reciclado de papel, incluido el higiénico, porque así se ayuda a la conservación de los bosques, se ahorra agua y energía, y se reduce la contaminación.

Asimismo, es mucho (c) ...... llevar cestas y bolsas propias y no usar las del supermercado, que tienen un alto coste ambiental.

Por otra parte, la campaña dice tajantemente que (d) ...... comprar alimentos envasados en bandejas de poliestireno expandido (corcho blanco), ya que este material apenas se puede reciclar. Los expertos de la campaña (e) ...... optar por la compra tradicional al peso, con mínimo embalaje. Los Tetra Brik, se dice en la campaña, llevan aluminio, plástico y cartón, su recuperación y reciclado son ínfimos.

(f) ...... en lo posible reducir el consumo de pilas, puesto que la energía eléctrica es 45 veces más cara que la de red, y son una fuente de contaminación por su contenido en plomo, cadmio, mercurio o litio. Es (g) ...... utilizar pilas recargables.

En cuanto a la limpieza, (h) ...... es consumir productos naturales para evitar o disminuir el uso de lejía. Por ejemplo, se puede usar una solución débil de vinagre para la cerámica, cristales y cuarto de baño, y zumo de limón para abrillantar metales como el cobre o el bronce.

(i) ...... es consumir alimentos frescos y naturales, de productos locales y con mínimo embalaje; recuperar la dieta mediterránea y disminuir el consumo de carne y de alimentos envasados. Además, los nutricionistas (j) ...... interesarse por los productos vegetales biológicos, que se cultivan sin plaguicidas ni fertilizantes químicos. Un aumento de su consumo disminuirá la contaminación de las aguas y los efectos en la salud humana.

(Basado en un artículo aparecido en *Consumerismo*, no. 53, noviembre / diciembre, 1996)

Actividad 4.8

In the *Educación ambiental* section, you are publishing a *Decálogo* with ten rules for environmentally friendly behaviour in the home.

1 Complete the following *Decálogo,* ten golden rules to have a 'greener' life, particularly in your housework (cooking, gardening, shopping, cleaning…). You may use ideas from previous activities.

Elabore un Decálogo para tener una vida más 'verde'.

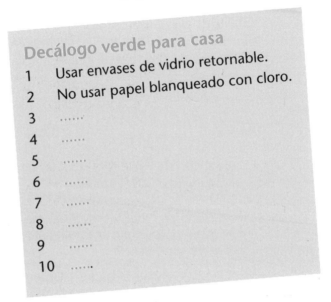

Decálogo verde para casa

1 Usar envases de vidrio retornable.
2 No usar papel blanqueado con cloro.
3 ......
4 ......
5 ......
6 ......
7 ......
8 ......
9 ......
10 ......

2 Now select three of the actions in your *Decálogo* and write three campaigning slogans to encourage the public to do them, using the imperative.

Ahora seleccione tres de las acciones de su Decálogo y escriba tres frases publicitarias para tres 'anuncios verdes'. Use el imperativo.

Ejemplo

Es limpio, es claro, es bueno… ¿qué más quiere? **Use** envases de vidrio retornable.

Actividad 4.9

In *Notas*, you give readers advice about appropriate behaviour in relation to *Turismo alternativo*.

1 Read these notes about ecotourism.

Lea las siguientes notas sobre diferentes actividades de ecoturismo.

(a) **Los aldeanos te dan cobijo**

Uno de los fines del ecoturismo es conocer los lugares tal y como son. Es un modo de turismo que tiene el mínimo impacto sobre el hábitat natural y humano. Esto supone que los pobladores de los lugares visitados no tengan que abandonar su estilo de vida tradicional para atender a los turistas.

(b) **Ensancha tus pulmones a golpe de pedal**

La bicicleta no tiene exigencias importantes. Todo es cuestión de corazón y pulmones. Siempre que se use adecuadamente, es decir, no pisoteando sembrados o prados, la bici es una de las alternativas más ecológicas que hay.

2 Write down a rule for acceptable behaviour on the holidays described in each text.

Ahora escriba normas de comportamiento adecuadas.

Ejemplo

(a): Cuando se practica el ecoturismo hay que adaptarse al modo de vida del hábitat a donde vamos.

3 Now write sentences stating whether or not something is allowed in the situations described in each text.

Ahora escriba frases que expresen que algo está permitido o no.

Actividad 4.10

While working in the *Pasatiempos* section, you are going to revise key vocabulary related to environmental issues using a mind-map, which will help you organize and establish connections among words.

1 *Gramatikón* has affected the words in a mind-map of words relating to environmental issues. Can you find the five words which should not be in the mind-map overleaf?

El Gramatikón ha afectado las palabras de una red de palabras de tema medioambiental. ¿Puede señalar las cinco palabras que no pertenecen a esta red?

2   Do a brain-storming exercise. Write all the words about ecological issues in Spanish that you can think of in one minute.

Escriba todas las palabras que se le ocurran sobre el tema ecológico en un minuto.

3   Find the false friend in these sentences and replace it with the correct word.

Encuentre el falso amigo en estas frases y substitúyalo con la palabra correcta.

Ejemplo

Yo me fío más de los médicos tradicionales, pero **actualmente** la alergia me la ha curado un tratamiento homeópata.

actualmente: de hecho, en realidad

(a) Tiene una dieta especial porque tiene problemas digestivos, siempre está constipado.

(b) El conductor de la Orquesta Sinfónica de Nueva York es español.

(c) Eventualmente va a encontrar la casa ideal.

Resumen gramatical

Expressing purpose (Actividad 1.2)

To ask about purpose	
¿Para qué? + verb	¿Para qué viene la gente aquí?

To express purpose	
Para + noun	para las vías respiratorias
Para + infinitive	para relajarme

Explaining reason or cause (Actividad 1.4)

por + noun	Paso mis vacaciones aquí por razones de salud.
por + infinitive	Tuvo un accidente por conducir demasiado deprisa.
porque + indicative	Va al masajista porque tiene mucho estrés.

Asking for and giving opinions (Actividades 1.7, 1.9, 1.10 and 1.11)

To ask someone's opinion	
Creer, pensar, opinar	¿Qué opinas tú?
	¿Crees que es importante?
Object pronoun + *parecer*	¿Qué te parece la medicina alternativa?
	¿Qué os parece el balneario?
	¿Qué te parecen estos zapatos?

To express opinion	
Stating the opinion directly, with verb in indicative	El personal es formidable.
Creer, pensar, opinar + que	Creo que sí / que no.
	Creo que el masaje es lo mejor.
Para mí + opinion	Para mí es superrelajante.
	Sí, para mí es muy importante.

Indirect object pronouns (Actividad 1.11)

me	Me parece bien.
te	¿No te parece una buena idea?
le	¿Qué le parece a Pepe?
nos	Nos parece mejor salir a las doce.
os	¿Os parece que podemos hacerlo otra vez?
les	Les parece una tontería.

Using prepositional pronouns for emphasis (Actividad 1.12)

To ask someone's opinion	
¿A ti	te parece…?
¿A él, ella; Ud.	le parece…?
¿A vosotros, -as	os parece…?
¿A ellos, ellas; Uds.	les parece…?

To express opinion	
A mí	me parece que…
A ti	te parece que…
A él, ella; Ud.	le parece que…
A nosotros, -as	nos parece que…
A vosotros, -as	os parece que…
A ellos, ellas; Uds.	les parece que…

Enquiring and informing about health (Actividad 2.1)

Enquiring about health

> *¿Cómo se / te encuentra(s) (hoy)? / ¿Cómo se / te siente(s) hoy?*

> *¿Cómo está(s) (hoy)?*

Talking about one's health

> Stating it directly: *Perfectamente, gracias.*

> With the verb *estar*: *Estoy bien, gracias.*

> With the verb *encontrarse* or *sentirse*: *No me encuentro muy bien. / Me siento mal.*

Saying you are unwell: aches, pains and illnesses

Estar + adverb or adjective	Estoy enfermo, -ma. No estoy bien. Estoy malo, -la. Estoy cansado, -da / deprimido, -da.
Doler + part of the body	Me duele la cabeza. Me duelen los oídos.
Tener + symptoms / ailment:	Tengo fiebre, tos, insomnio… Tengo un resfriado, catarro, sudores…
For some parts of the body you can use the structure *Tener dolor de*…	Tengo dolor de cabeza, de espalda, de estómago…

Asking for and giving advice, suggestions and recommendations (Actividades 2.7, 2.8, 2.9, 2.11, 2.12, 2.13 and 2.14)

Asking for advice, suggestions and recommendations	
Question word (*qué, cómo, cuántas*…) + present indicative	Para el dolor de cabeza, ¿qué se toma? ¿Cómo me curas si tengo gripa?
Question word + *poder* + infinitive	¿Qué puedo hacer? ¿Cómo puedes prepararlo?
Qué + indirect object pronoun + present indicative of *aconsejar / sugerir / recomendar*	¿Qué me aconsejas para los oídos? ¿Qué le sugieres para no toser?
To make suggestions and give advice	
Indirect object pronoun + verbs of advice (*aconsejar, sugerir, recomendar*) + noun / infinitive	Te aconsejo un té / tomar un té. Le sugiero hacer deporte. Te lo recomiendo.
Es aconsejable / recomendable + noun / infinitive	Es aconsejable salir. Es recomendable una dieta sana.
Para… el mejor consejo es + infinitive	Para el dolor de espalda, el mejor consejo es descansar.
Para…, lo mejor / lo ideal es…	Para la gripe, lo mejor es quedarse en cama.
Para… lo que se hace / lo que hacemos / usamos…	Para el dolor de cabeza usamos un té de canela.
Debería(s) + infinitive	Deberías ir a un médico, don Zacarías.
Podría(s)/puede(s) + infinitive	Podría ir a un balneario para relajarse. Puede tomarlo dos veces al día.
Infinitive	Ir al médico en caso de duda.
Imperative	Bebe varias tazas al día.

Saying what is and is not allowed (Actividades 3.1, 3.2 and 3.7)

To state that something is or is not allowed	
se puede + infinitive	Se puede visitar el casco antiguo.
no se puede + infinitive	No se puede alquilar bicicletas.
puedes + infinitive	Puedes hacer excursiones.
no puedes + infinitive	No puedes cortar plantas.
está permitido + infinitive *está(n) permitido(s), -da(s)* + noun	Está permitido pescar. Está permitida la pesca.
no está permitido + infinitive *no está(n) permitido(s), -da(s)* + noun	No está permitido cazar. No está permitida la caza.
se permite + infinitive *se permite(n)* + noun	Se permite hacer fotos. Se permite el uso de vídeos.
no se permite + infinitive *no se permite(n)* + noun	No se permite el uso del flash. No se permiten perros.
puedes / no puedes + infinitive	Puedes ir en bicicleta. No puedes entrar con el coche.
está prohibido / se prohíbe + infinitive *está(n) prohibido(s), -da(s) /* *se prohíbe* + noun	Está prohibido aparcar en la plaza. Se prohíbe el uso del flash en la iglesia.

Expressing obligation (Actividades 3.4, 3.10 and 3.11)

To express a strong sense of obligation

Verbs *tener que* and *deber* + *infinitive*:

> *Debo / Tengo que entregar esto para mañana.*
> *Debes respetar la naturaleza.*

Impersonal expressions:

- *hay que* + infinitive:

> *Hay que usar el casco en carretera.*

- *se tiene que* + infinitive:

> *Se tiene que facilitar la posibilidad del reciclaje.*

- *se debe / no se debe* + infinitive:

> *Se debe fomentar el uso del transporte público.*

- *es preciso* + infinitive:

> *Es preciso llegar antes de las ocho.*

To express a less strong sense of obligation	
habría que + infinitive	Habría que ahorrar más energía.
se tendría que / no se tendría que + infinitive	Se tendría que dar información más concreta.
se debería / no se debería + infinitive	Se debería educar al ciudadano desde la escuela. No se debería coger flores salvajes.
tendríamos que + infinitive	Tendríamos que cuidar más de este planeta.
deberíamos / no deberíamos + infinitive	Deberíamos saber qué es reciclable. No deberíamos hablar mal de ella.

The affirmative imperative (Actividades 2.9, 2.10 and 2.11)

The imperative of regular verbs

	-ar hablar	-er beber	-ir escribir
(tú)	habla	bebe	escribe
(Ud.)	hable	beba	escriba
(vosotros, -as)	hablad	bebed	escribid
(Uds.)	hablen	beban	escriban

Imperative of radical changing verbs

Radical changing verbs will have the same irregularity in the imperative as in the indicative. To form the imperative, take the first person singular of the present indicative:

	First person singular, present indicative	Imperative
e → ie cerrar	cierro	cierra (tú), cierre (Ud.)
o → ue recordar	recuerdo	recuerda (tú), recuerde (Ud.)
e → i medir	mido	mide (tú), mida (Ud.)

Imperative of irregular verbs

	Present indicative	Imperative
decir	(yo) digo	di (tú), diga (Ud.)
hacer	(yo) hago	haz (tú), haga (Ud.)
oír	(yo) oigo	oye (tú), oiga (Ud.)
poner	(yo) pongo	pon (tú), ponga (Ud.)
tener	(yo) tengo	ten (tú), tenga (Ud.)
venir	(yo) vengo	ven (tú), venga (Ud.)
ir	(yo) voy	ve (tú), vaya (Ud.)

Imperative of pronominal verbs

The pronoun of a pronominal verb is added to the imperative form as follows:

	tú	Ud.
callarse	calla + te: cállate	calle + se: cállese
ducharse	dúchate	dúchese

Object pronouns with the imperative

Object pronouns are also added to the imperative form:

Confiésa**lo.**

Dime qué te pasa.

Pásame la sal.

Vocabulario

La salud

Remedios y medicinas

el balneario
el masaje
el gimnasio
la piscina
el ejercicio
las medicinas
el remedio
la infusión
las hierbas
el tratamiento
las pastillas
los comprimidos
el jarabe
las aspirinas
mejorar
curar(se)
preparar
relajar(se)
descansar
hacer deporte / ejercicio
beneficioso, -sa
nocivo, -va
relajante
alternativo, -va
tradicional
convencional
efectivo, -va
eficaz

Enfermedades y molestias

la tensión
el dolor de…
la fiebre
la gripe / gripa (SpAm)
el resfriado
el mareo
la tos
el hipo
el cólico
la digestión

la herida
tener dolor de
doler

El cuerpo humano y sus partes

la cabeza
el pelo
los ojos
los oídos
las orejas
la nariz
la boca
la lengua
los dientes
las muelas
la garganta
el cuello
la espalda
los huesos
las piernas
los brazos
las manos
las uñas
los pies
la piel

Ecología y medio ambiente

el turismo rural
el senderismo
la naturaleza
las normas
las montañas
los ríos
los caminos
los bosques
el campamento
el tentempié
las hogueras
los desperdicios
la basura
el parque ecológico
el Parque Nacional
Patrimonio de la Humanidad
la flor

la verdura
la legumbre
el vidrio
el papel
el plástico
el aluminio
el metal
el cartón
habilitar
recuperar
restaurar
mejorar
alquilar
ir de marcha
cuidar
respetar
hacer fuego
abandonar
contaminar
reciclar
reusar
reducir

Cantidades

un poco (de)
dos gotas (de)
un poquito (de)
una pizca (de)
la mitad (de)
la cuarta parte (de)
unos cuantos
sobrar
faltar

Prefijo 'super'

superrelajante
superaburrido
superbueno

Falsos amigos

actual
sensible
librería
constipado, -da (*not a false friend in some parts of Spanish America*)

Clave

Unidad 1

Actividad 1.1

1 Here is a model answer:

> La Villa Termal Arnoia es un lugar de salud. Tiene piscina, diversos tratamientos, masajes. Está en medio de la naturaleza, en un lugar muy bello.

2 Here are some possible answers:

(a) La gente va a recibir tratamientos, a rehabilitarse, a descansar, de vacaciones, etc.

(b) Todo tipo de gente.

(c) No, nunca. / Sí, he estado en Buxton una vez.

(d) Porque tuve un accidente. / Para descansar.

3 Note that it is not necessary to copy all Sindo's words literally.

(a) Es un centro de salud, de tratamiento. Es un centro de curación y prevención.

(b) Para muchas cosas, para prevenir enfermedades y curarse de determinadas patologías.

(c) Viene gente de todas las edades y clases sociales, gente sobre todo adulta. Gente que necesita rehabilitación.

(d) Para la piel, para las vías respiratorias y para los huesos.

Actividad 1.2

1 The answers are in Transcript Booklet 2.

2 (a) Porque últimamente se vive con mucho estrés.

(b) Es importante tener un equilibrio: trabajar, pero también disfrutar y dedicar tiempo a uno mismo.

Actividad 1.3

1 Foto (a) rehabilitación

Foto (b) masaje bajo ducha

Foto (c) piscina

Foto (d) jacuzzi

Foto (e) masaje con crema

2 There are various possible answers since each treatment may be beneficial for more than one thing. Here are some possibilities:

(a) El masaje bajo ducha es beneficioso para la espalda.

(b) El masaje con crema es beneficioso para relajar los músculos.

(c) El jacuzzi es beneficioso para relajarse y olvidarse de todo.

(d) Las aguas del balneario son beneficiosas para la piel, las vías respiratorias y los huesos.

Actividad 1.4

1 There are many possible answers here; what is important is that you have used *por* and *porque* correctly:

por + noun / infinitive; *porque* + indicative

(a) Me gusta este hotel **por** la calidad del personal.

(b) Elegimos este piso **porque** está muy bien situado.

(c) A Luis le encanta ir de vacaciones al norte **por** la agradable temperatura veraniega.

(d) Viene todos los años a España **por** estar con su familia.

(e) Arnoia es famosa **porque** combina perfectamente naturaleza con salud y descanso.

(f) La gente viene aquí **por** esnobismo.

2 Here are some possible answers:

(a) Me gustan las vacaciones porque no tengo que ir a trabajar.

(b) Normalmente vemos este programa por la información que ofrece.

(c) Yo me encargo de despertarle por las mañanas porque no tiene despertador.

(d) Esta película se llevó el premio por la fotografía y la música.

(e) Luis sale a correr todos los días porque quiere estar en forma.

(f) Come siempre en un bar porque no sabe cocinar.

Actividad 1.5

1 (a) Pues el mío nunca saluda. ¡Es **superantipático**!

(b) Deben de ser **supercaros**, ¿no?

(c) Sí, a mí también. ¡Es **superelegante**!

(d) Vale, me tengo que cortar un poco el pelo, lo tengo **superdestrozado** de tanto teñírmelo.

Actividad 1.6

1 This is how the sentences should read:

(a) Sí, para mí es muy importante dedicar tiempo a relajarme.

Sí, para mí, sí.

Para mí es superrelajante.

Note that *muy* + adjective prefixed with *super* would not be correct, so *Sí, para mí es muy superrelajante* is wrong.

(b) Es formidable, tanto el personal del hotel como el del balneario.

Todos son superamables y muy profesionales.

Creo que el personal sanitario es estupendo, no sólo los médicos sino también los terapeutas.

Para mí es superagradable estar con personas tan buenas.

3 Here are examples of what you could have said.

(a) No, yo creo que eso son tonterías de los tiempos modernos.

(b) Para mí, las vacaciones activas son las ideales.

(c) Para mí salud significa tener energía para todo.

(d) No, yo creo que ir al médico debe ser la excepción, ¡no la norma!

Actividad 1.8

1

Medicina convencional	Medicina homeopática	Ambas
aspirina	remedio	laboratorio
penicilina	homeopatía	paciente
antibiótico	naturista	médico
tecnología médica	hervir	tifoidea
	hierbas	medicamento
	orégano	
	extracto	

2 Here are some examples of notes you could have taken. Note the use of abbreviations of common words and the switch between Spanish and English.

(a) **valor de la homeopatía**
Méd(ico) conv(encional) *for certain things* muy buena/ es un complemento, *not a substitute*

Méd(ico) hom(eópata) llegar al enfermo con + eficiencia. medicamentos + *specific for the needs of the patient*

(b) **tecnología y garantías que cada tipo de medicina ofrece**
Méd. conv. la tecnología de los labs. *guarantees* el medicamento está en perf(ectas) condiciones. El lab. nat(urista) no garantiza nada

(c) aspectos políticos y económicos

Méd. hom.   La med(icina) hom. sufre ataques x (por) razones económ(icas) y polít(icas), pq. (porque) hay muchos intereses económ. unidos a la tecnol(ogía) méd(ica)

Méd. conv.   Verdad: que los medicamentos son caros, pero normalm(ente) el precio es justo, pq. hay mucha investigac(ión) x detrás. Gracias a la investigac. vida del ser humano ➔ *better*

Actividad 1.9

1

	A favor	En contra	Ha cambiado de opinión
Primera persona	✓		✓ Tengo muy buena opinión de ella.
Segunda persona	✓		Yo pienso que sí sirve. Es igual que la medicina convencional.
Tercera persona	✓		✓ Su nieta se ha curado de asma gracias a ella.
Cuarta persona	✓		Es muy útil para curar muchas enfermedades.

2 The transcript of the extract is in Transcript Booklet 2.

3 Here is an example of what you could have said:

Las ventajas de la medicina convencional son su efecto rápido y el apoyo científico de los laboratorios, pero su precio es bastante alto.

Las desventajas de la medicina convencional son los precios y los efectos secundarios de los medicamentos algunas veces; sin embargo, últimamente se ha desarrollado muchísimo y encuentra soluciones a muchos problemas. Yo creo que no es perfecta y se abusa de ella.

Actividad 1.10

1 *¿Crees que cada vez hay más enfermedades?* is the only question that can be answered by 'yes' or 'no'. The other two are **open** questions.

5 These are the main objectives of the activity:

(a) To be able to ask for opinion promptly using some of the most widely used structures: *¿Crees que…? ¿Qué opinas de…? ¿Qué opinas sobre…? ¿Qué piensas de…?*

(b) To practise vocabulary related to conventional and alternative medicine.

(c) To practise intonation in questions.

(d) To practise fluency and spontaneity by avoiding written preparation of what you want to say.

Actividad 1.11

1 You should have produced any (or all!) of the following:

¿Qué opinas/piensas de esta camisa que me he comprado?

¡Es superbonita!

¡Creo/Pienso/Opino que es superbonita!

Although all these sentences express or ask for opinions, they are not all used in the same context. For instance, *opino que…* is used in a more formal context than *creer* and *pensar*.

2 (a) le

(b) le

(c) nos

(d) os

(e) les

3

me	
te	
le	parece…
nos	
os	
les	

Actividad 1.12

1 Here are some possible answers:

(a) A mí no me parece muy bien porque son dos cosas muy distintas.

(b) A las personas mayores les parece mucho mejor prevenir. No les gusta estar enfermas.

(c) No, por supuesto que no. ¡Una aspirina no nos parece nada eficaz para la gripe!

(d) A mí personalmente me parecen tan dignos de confianza como un médico convencional.

(e) A mí, la cama. Quedarse en cama es lo mejor.

2/3 The transcript of the extracts is in Transcript Booklet 2.

Actividad 1.13

1

Narradora	… Zacarías, por cierto, quedó el último.
Don Zacarías	Parece una medicina.
Isabel	Tengo que hacerme los análisis. ¡Está desnudo!
Rosita	¿Ortigas? ¡Estás embarazada de verdad!
Carlos	Es un balneario de aguas termales.

2 You should have written something similar to:

En la casa

Escena	Personajes	Lo que pasa
I	Zacarías	Encuentra por casualidad algo para hacer una prueba de embarazo y saca la conclusión de que Rosita está embarazada.
II	Rosita e Isabel	Hablan de la salud de Isabel y Rosita averigua que su madre puede estar embarazada.
III	Rosita, Isabel, Carlos y Zacarías	Descubren que Zacarías sufre de reuma y se habla del remedio de las ortigas. Deciden ir a visitar un balneario.

En el balneario

Escena	Personajes	Lo que pasa
IV	Zacarías, Rosita, Isabel y Carlos	Admiran el paisaje.
V	Isabel y Rosita	Isabel confirma que es casi seguro que está embarazada.
VI	Carlos, Isabel y Rosita	Muy nerviosa, Isabel informa que el abuelo está desnudo en la piscina.
VII	Zacarías, Isabel, Carlos y Rosita	Todos dicen a Zacarías que no se puede ir desnudo en un balneario. Conclusión.

3 The title can be explained by a combination of reasons, but the most direct reference to it is (d):

'Las vergüenzas' se refieren a las partes del cuerpo humano más privadas que no se suelen mostrar habitualmente a todo el mundo.

Actividad 1.14

1 This is the remedy:

… se hierven las ortigas con sal y luego te bañas en el líquido una vez por semana.

2 (a) Giving advice:

Isabel   Debería ir a un médico, don Zacarías. Sería mejor.

Carlos   Conozco un sitio que hay en la sierra, que dicen que es muy bueno para el reuma. Te lo recomiendo.

(b) Enquiring about health:

Rosita   ¿Cómo estás hoy, mamá?

Isabel   Bien.

Zacarías   ¿Cómo estás, Rosita? Te veo un poco paliducha.

Rosita   Sólo estoy un poco cansada.

Zacarías   ¡A ver si recuperas un poco el color!

Rosita   ¿Otra vez? Ya te he dicho, abuelo, que estoy perfectamente.

Unidad 2

Actividad 2.1

1 (a) The most common expressions are:

¿Cómo está / estás?

¿Cómo se encuentra / te encuentras?

¿Cómo se siente / te sientes?

(b) The most common replies are:

Bien.

Estoy (muy) bien.

Estoy mejor.

Estoy estupendamente.

2 (a) Tiene tos.

(b) Le duele la espalda.

(c) Tiene fiebre.

(d) Le duele la garganta / Tiene dolor de garganta.

(e) Está mareada.

(f) Tiene dolor de estómago / Le duele el estómago.

Check your answers to (b), (d) and (f). Did you write *su espalda*, *su garganta* or *su estómago*? If you did, reread the note on page 34.

Actividad 2.2

1 (a) tomillo

(b) limón

(c) cebolla

(d) jengibre

(e) miel

(f) canela / canela en rama

2 (a) decocción (*una decocción de jengibre*)

(b) ingerir (*ingerir cuatro gotas de esencia de orégano*)

(c) herbolarios (*de venta en herbolarios*)

(d) aliado (*es un aliado menos reconocido*). Note that *aliado* is used figuratively.

(e) gotas (*depositando las gotas indicadas; tres gotas de aceite de ciprés; cuatro gotas de aceite de orégano; cinco gotas de esencia de limón*)

(f) edulcoradas (*edulcoradas con miel*)

(g) infusión (*las infusiones como la menta, el tomillo…*)

3 (a) La cebolla es buena para vencer cualquier proceso infeccioso. Se toma un vaso de jugo de cebolla al día.

(b) Las infusiones de menta, tomillo, y la decocción de jengibre con miel son muy beneficiosas. Se toman varias tazas al día.

(c) El aceite de ciprés es una fórmula eficaz para vencer procesos catarrales y gripales. Se ponen tres gotas en un poco de azúcar moreno y se toma tres veces al día.

(d) La esencia de limón también sirve para vencer procesos gripales y catarrales. Se ponen cinco gotas de esencia de limón en un poco de azúcar moreno y se toma media hora antes de las comidas.

(e) La esencia de orégano es buena para frenar los ataques de tos. Se toman sólo cuatro gotas.

Actividad 2.3

(a) (iv) Ejemplo: Luis abusa del tabaco, por eso tose siempre tanto.

(b) (iii) Ejemplo: Está ansioso por saber los resultados de los exámenes.

(c) (ii) Ejemplo: Al cruzar la calle se le cayó la carpeta con todos los apuntes de clase.

(d) (v) Ejemplo: No paras de estornudar y toser… en fin, que tienes todos los síntomas de un buen constipado.

(e) (i) Ejemplo: Para recoger la uva sólo contratan trabajadores eventuales de dos a cuatro semanas.

Actividad 2.4

1 Here are some possible answers:

(a) Para el dolor de muelas: un calmante cada seis horas.

(b) Para el dolor de estómago: una pastilla después de las comidas.

(c) Para el resfriado: una pastilla efervescente de vitamina C al levantarse y al acostarse.

(d) Para el cólico: ayuno (no comer).

(e) Para la fiebre: dos pastillas de paracetamol cada cuatro horas.

(f) Para la tos: una cucharadita de jarabe cuatro veces al día.

(g) Para el insomnio: un somnífero media hora antes de acostarse.

2 (a) Para el dolor de cabeza se toma un té de canela con una hierba que se llama marrubio.

(b) Para los cólicos… el marrubio, santa maría y hay hierba maestra. Se juntan las tres hierbas, se lavan, se ponen a hervir y ya se toman.

3 Here is one possible answer:

Para el cólico mi médico me ha mandado ayuno, pero también se pueden tomar estas hierbas: marrubio, santa maría y hierba maestra. Yo creo que para el cólico lo mejor es el ayuno.

Para el dolor de cabeza se puede tomar un té de canela con marrubio, pero yo siempre tomo aspirinas.

Actividad 2.5

1 Two model answers are recorded in Extract 11 on the Activities Cassette.

2 These are the topics of the messages:

(a) Conducir bajo los efectos del alcohol.

(b) Adicción al trabajo.

Actividad 2.6

The words of the song are in the Transcript Booklet. Note the parallel structures, repeated words and the rhyme, which are all means of making the oral language easier to remember.

Actividad 2.7

1

Enfermedades	Remedios
(a) cólico	(iii) marrubio, santa maría y hierba maestra
(b) cólico blando	(i) tinturas a base de seis hierbas
(c) dolor de cabeza	(iv) té de canela con marrubio
(d) gripa	(ii) mates de orégano

Actividad 2.8

Here are some possible questions:

Bronceado   ¿Qué se puede hacer para conseguir un bronceado uniforme?

Cabello   ¿Cómo puedo frenar la caída del cabello?

Cuerpo   ¿Qué me aconseja para el olor corporal?

Piel   ¿Qué loción me aconseja para evitar la irritación de la piel después del afeitado?

Manos y uñas   ¿Qué se hace para tener unas uñas vigorosas?

Ojos   ¿Qué me aconseja para las ojeras?

Actividad 2.9

1 This is very subjective. The point of the exercise was to focus your reading.

2 Here are all the imperatives in the text with their respective infinitives:

bébete → beberse

haz → hacer; suelta → soltar

échate → echarse

disfrázate → disfrazarse; mírate → mirarse

practica → practicar

intenta → intentar

aprovecha → aprovechar

toma → tomar; intenta → intentar

coge → coger; ráscate → rascarse; acuérdate → acordarse

cúbrelas → cubrir(las)

come → comer

3 To form the imperative for *tú,* just take off the '-r' of the infinitive of '-ar' and '-er' verbs. '-ir' verbs have the same endings as '-er' verbs.

4 The *usted* form of the imperative of verbs with the infinitive in '-ar' ends in '-e' (*hablar: hable usted)* and the imperatives of verbs with infinitive in '-er' or '-ir' end in '-a' (*beber: beba usted; abrir: abra usted).*

5

	preparar	ayudar	comer	leer	abrir	resumir
tú	prepar**a**	ayud**a**	com**e**	le**e**	abr**e**	resum**e**
vosotros, -as	prepar**ad**	ayud**ad**	com**ed**	le**ed**	abr**id**	resum**id**
Ud.	prepar**e**	ayud**e**	com**a**	le**a**	abr**a**	resum**a**
Uds.	prepar**en**	ayud**en**	com**an**	le**an**	abr**an**	resum**an**

Actividad 2.10

1 (a) haga   usted, hacer

(b) pon   tú, poner

(c) ven   tú, venir

(d) ve   tú, ir

(e) contenga   usted, contener. (Note that *contener* follows the rule for *tener.*)

(f) haz   tú, hacer

(g) diga   usted, decir

(h) ten   tú, tener

(i) oiga   usted, oír

2 (a) hierve (radical changing)

(b) haga (irregular)

(c) ponte (pronominal use of irregular verb)

(d) ten (irregular)

(e) sonría (radical changing). (Note that *sonreír* follows the rule of *reír);* diga (irregular)

(f) pide (radical changing)

Actividad 2.11

1 (a) beber: bebe, beba, bebed

(b) relajarse: relájate, relájese, relajaos

(c) mirar: mira, mire, mirad

(d) comer: come, coma, comed

(e) poner: pon, ponga

(f) buscar: busca, busque, buscad

(g) escribir: escribe, escriba, escribid

(h) dejar: deja, deje, dejad

Actividad 2.12

1 The advice shown is:

(a) cuando sea necesario levantar y transportar objetos pesados, es recomendable fraccionar el peso siempre que sea posible;

(b) al escribir a máquina o en el ordenador, el teclado debe estar a la altura de los codos.

3 Lo mejor es dormir en una cama firme con una almohada baja.

Es aconsejable usar escobas y fregonas de mango largo.

Se debería usar taburetes y escaleras de mano para alcanzar objetos altos.

Lo ideal es descansar con la espalda sobre una superficie firme.

Es aconsejable subir o bajar del coche con un giro de cintura de 45 grados.

Cuando sea necesario levantar o transportar objetos pesados, lo que se puede hacer es fraccionar el peso siempre que se pueda.

Se debería evitar levantar grandes pesos mientras se está sentado.

Es aconsejable usar sillas giratorias y no hablar por teléfono apoyando el auricular entre el cuello y la clavícula.

Se debería escribir a máquina o en el ordenador con el teclado a la misma altura de los codos.

Lo mejor para leer es usar un atril.

Actividad 2.15

1

Texto número: 1

Ideas principales: para llevar una vida sana es bueno seguir la dieta mediterránea.

Razones: responsable de la longevidad y fortaleza de los europeos del sur.

Formas de conseguirlo: el consumo de frutas, verduras, leguminosas, pescado azul y aceite de oliva.

Texto número: 2

Ideas principales: para llevar una vida sana es importante no fumar.

Razones: el tabaco tiene efectos negativos sobre distintas partes del cuerpo: sobre el cerebro, la circulación sanguínea, los pulmones y el corazón.

Formas de conseguirlo: (no se dice)

2 Here is an example of what you might have written:

Los efectos del tabaco en el cuerpo

¿Por qué deberíamos dejar de fumar?

Si usted piensa que los efectos del tabaco en el cuerpo humano sólo son sobre los pulmones, está equivocado. La nicotina entra en la sangre a través de los pulmones y alcanza el sistema nervioso en sólo siete minutos. Además, el tabaco afecta a otros órganos y funciones vitales del cuerpo humano. Así, por ejemplo, el cerebro experimenta una sensación de relax por el efecto de la nicotina, y el corazón acelera su ritmo cardiaco. Los fumadores suelen sufrir de elevada presión arterial por esta razón.

Actividad 2.16

1 Here are some possible answers:

(a) Campaña del Ministerio de Transporte o Sanidad.

(b) Una marca de champú.

(c) Campaña del Ministerio de Sanidad o Transporte.

(d) Una marca de electrodomésticos o cacerolas.

(e) Una agencia de transportes o aerolínea.

(f) Una agencia de viajes.

(g) Un parque de atracciones.

(h) Un curso de español a distancia.

(i) Una marca de agua mineral.

3

Imperatives	Infinitives
Quítate	quitarse
Vuele	volar
Tómate	tomarse
Ven	venir
Aprende	aprender
Bebe	beber

2

	Imperatives	Conditional: *si*...	Questions
Eslogan	(b), (e), (f), (g), (h), (i)	(a), (c)	(d), (h)

Unidad 3

Actividad 3.1

3

Se puede...	No se puede...
… usar materiales originales	… utilizar elementos y productos ajenos a lo que es el material del país
… rehabilitar con piedra del país, con teja, con madera	usar aluminio
	usar determinados elementos que […] distorsionan el casco histórico

4 You should have identified two points made by Cristina Cid: *incremento en puestos de trabajo* and *toda la hostelería, servicios de restauración de Allariz se vieron muy beneficiados*. Here is a possible answer:

> Los efectos positivos de este nuevo tipo de turismo han sido un incremento en puestos de trabajo y un gran beneficio para los servicios de restauración y la hostelería debido al incremento de visitantes.

Actividad 3.2

1 Here are some possible answers:

- Está permitid**a la acampada** en las áreas indicadas. / Está permitid**o acampar** en las áreas indicadas.

- No está permitid**a la entrada** de coches.

- No se permite encender fuego en el campo.

- Se permite hacer fotografías.

- Está permitid**a la pesca** en los lugares indicados. / Está permitid**o pescar** en los lugares indicados.

- No está permitid**o el uso** del flash dentro de la iglesia de San Martín. / No puedes usar el flash dentro de la iglesia de San Martín.

- No se permite abandonar la basura en los parques.

Did you remember to make the structures with *está* agree with the following noun? As in: *Está permitido pescar.* / *Está permitida la pesca; No está permitido el uso del flash.*

Actividad 3.3

1 (a) Todas las opciones se aplican al senderismo: es una actividad deportiva, turística, cultural y, también, una iniciativa conservacionista.

(b) El senderismo contribuye a la conservación por el uso de caminos y carreteras tradicionales.

3 Here are some possible answers:

(a) La diferencia entre los GR, PR y SL es el número de kilómetros del trayecto.

(b) A las personas que hacen senderismo les gusta andar y disfrutar de la naturaleza y del mundo rural.

(c) Además de gozar de la naturaleza se puede también gozar de aficiones como la fotografía, el dibujo, el interés por la flora y la fauna.

(d) Para utilizar los senderos es aconsejable seguir las recomendaciones de los folletos y topoguías de senderismo.

(e) Todo el mundo puede hacer senderismo, sin restricciones de edad ni condiciones físicas excepcionales.

Actividad 3.4

1 Here are some possible answers:

(a) Se debe cuidar del material que se utilice. Si ya no sirve para cumplir su función, se debería buscar un nuevo uso, es decir, se debería reciclar.

(b) Se debe respetar las plantas y animales.

(c) Se debe poner todos los desperdicios en una bolsa de basura.

(d) Si se va de marcha durante más de una hora, se debería llevar un tentempié.

(e) No se debería emprender la marcha durante las horas del mediodía.

Actividad 3.5

2 Here are some possible rules:

No está permitido leer el mensaje del compañero.

No se puede escribir insultos o dejar el mensaje en blanco.

Se debe usar globos de distintos colores, formas y tamaños para distinguirlos.

Se puede intentar explotar el globo más de una vez si a la primera no explota.

Se puede usar cualquier cosa para explotar el globo.

Está permitido pedir ayuda a un compañero para realizar la prenda.

Actividad 3.6

1 Here are some possible answers:

(a) Parque ecológico: espacio verde natural donde se conserva, fomenta y disfruta de las características propias del lugar.

(b) Pulmón de la capital: espacio verde situado en ciudades. Se llama 'pulmón' porque ayuda a 'respirar' a la ciudad (metafóricamente hablando).

(c) Zona de rescate ecológico: área identificada para la recuperación de la flora, fauna y actividades propias de su hábitat.

2 You should have included these points:

Localización	a hora y media al sur del Distrito Federal (México DF)
Descripción/ caracterización	es un paraíso de paz y tranquilidad; es un parque ecológico, el último pulmón de México DF
Actividades de Juan Manuel Miranda	propietario de canoas para el traslado de turistas por el parque y trabajos de rescate ecológico
Significado de 'Xochimilco'	'sementera de flores', lugar donde se cultivan las flores
¿Quién hablaba la lengua náhuatl?	los mexicas antes de la llegada de los españoles

3 (a) porque

(b) de ahí que

(c) por

5 (a) Falso. (El proyecto, además de crear puestos de trabajo en la comunidad, tiene como finalidad 'devolverle a Xochimilco su vida y esplendor de tiempos pasados'.)

(b) Falso. (Las personas encargadas de la recuperación de las chinampas son personal enviado por las autoridades.)

(c) Verdadero.

(d) Verdadero.

(e) Falso. (300 familias trabajan la tierra y sus cultivos invaden los mercados, consiguiendo así un precio más barato.)

Actividad 3.7

2

	Primera persona	Segunda persona	Tercera persona	Cuarta persona
plantas y animales	✓			
árboles	✓			
pescar	✓			
comida	✓			
fuego	✓	✓	✓	
basura		✓	✓	✓
contaminantes		✓	✓	
ruido				✓

3 These are some of the things you could have said:

Se debe apagar el fuego antes de irse.

No está permitido dejar basura.

Se puede hacer comidas.

Actividad 3.8

1 Here are some possible collocations:

capturar	animales
arrancar	plantas
incendio	forestal
encender	hogueras
pérdidas	económicas
malgastar	agua
arrojar	basuras y residuos

2 The chief aim of the text is (c). Its title is: *Normas básicas para la protección del medio ambiente.*

3

(a) Los incendios forestales ocasionan en España graves pérdidas económicas y ecológicas.	(i) Sólo encienda hogueras en el campo en los lugares señalados para ello.
(b) El agua es un bien escaso en la mayoría del territorio español.	(iv) Evite malgastarla.
(c) Las rodaduras de automóvil son uno de los agentes de inicio de erosión más poderosos.	(vi) No invada con su vehículo el césped y la vegetación fuera de los caminos o carreteras.
(d) El abandono de basuras en el medio natural constituye un atentado a la estética.	(ii) No deje jamás en el campo ningún tipo de residuo orgánico o inorgánico.
(e) La acampada libre es una de las causas más importantes de contaminación y deterioro del medio natural.	(iii) Acampe sólo en las áreas dispuestas para ello.
(f) España es un país deficitario en energía.	(v) Sea moderado en el uso del agua caliente, luz y aparatos de calefacción y aire acondicionado.

Actividad 3.9

1 This is one possible classification based on the facilities available to most people:

(a) reciclable: botella de vidrio, periódico, Tetra Brik (parte)

(b) no reciclable: paquete de sopa, lata de fabada, botella de plástico, pilas, envase de hamburguesa, bolígrafos

(c) biodegradable: pañales

(d) contaminante y peligroso: pilas

2 This is what he mentions: *El papel, el vidrio, el cristal (botellas), latas, el plástico…, todo lo que tiene containers para reciclaje en la ciudad.*

(The word *contenedor* also exists in Spanish. Both *contenedor* and *container* are widely used.)

4 Your answers should include the following points:

(a) La persona entrevistada es muy ecológica, pero sus conocidos no. La realidad, lo que hacen en la práctica, es muy distinta a lo que ellos creen que deberían hacer, es decir, a su conciencia.

(b) Se debería informar más al ciudadano, dejando claro qué se puede reciclar. También se debería dar la posibilidad de reciclar y dejar claro en qué container va cada cosa.

(c) Quizás al principio, sí.

Actividad 3.10

1 These are the expressions you should have found:

First speaker: *Cada uno tiene que probar…; la autoridad no tiene por qué decirlo; tiene que ser tú.*

Second speaker: (*¿Qué te parece que se debería hacer?* in the question); *hay que procurar no destruirlo.*

Third speaker: (*hay que guardar* in the question); *tengo que hacer lo que los anteriores no han hecho; yo tengo que hacer; tengo que conservar.*

2 (a) ***Tiene que ser*** *tú que ya comprendas…:* strong sense of obligation.

(b) *¿… **qué se debería hacer**…?:* less strong sense of obligation.

(c) *… **hay que procurar** no destruirlo / **hay que guardar** los periódicos…:* strong sense of obligation.

(d) ***tengo que hacer / tengo que conservar**…:* strong sense of obligation.

3 Here are some possible answers:

(a) La primera persona piensa que cada uno tiene que hacer lo posible para **no ensuciar**.

(b) La segunda persona hace **todo lo posible / lo que puede en casa** para preservar el medio ambiente.

(c) La tercera persona conserva el medio ambiente pero piensa que la gente **no respeta.**

Actividad 3.11

2 El orden correcto es: (b) (d) (a) (c).

Paragraph (b) must be first because it presents the topic of the text using a general statement (*Para los ecologistas…*); we know that paragraph (d) follows because *además* expresses an addition to what has been said before (the various possibilities for reducing, reusing and recycling that ecologists are proposing). It also introduces the topic of *plantas de tratamiento*, which is followed by a specific example in paragraph (a) (*Ejemplos de plantas de tratamiento…*). Finally, paragraph (c) takes up the idea of *plantas de tratamiento* and *abonos* mentioned in paragraph (a), and gives a general, concluding statement about it, marked by *En definitiva.*

3 In paragraph (b): **es preciso** poner en marcha; **deben ser** mayoritariamente reutilizables; las restantes **deben ser** reciclables.

In paragraph (c): los gobiernos… **tienen que** convencerse de que…

In paragraph (d): **hay que** separar; **tienen que** separar; **se debería** imponer que…

4 Las que se usen **deben ser** mayoritariamente reutilizables.
Las que se usen **tienen que ser** mayoritariamente reutilizables.

Las restantes **deben ser** reciclables.
Las restantes **tienen que ser** reciclables.

Los gobiernos de los países desarrollados **tienen que convencerse** de que…
Los gobiernos… **deben convencerse** de que…

(In this last sentence note that the *se* is used reflexively, not impersonally as it is in s*e tiene que, se debería*, etc.)

Hay que separar la basura orgánica de la no orgánica.
Se tiene que separar la basura orgánica de la no orgánica.

Las plantas de tratamiento **tienen que separar** esta última lo máximo posible.
Las plantas de tratamiento **deben separar** esta última lo máximo posible.

Y **se debería imponer** que para los residuos domésticos peligrosos…
Y **habría que imponer** para los residuos domésticos peligrosos…

Unidad 4

Actividad 4.1

1 Here are the main points you should have made:

Los beneficios de la siesta

Científicos:
personas que practican la siesta.
buenos reflejos
buena memoria
mejor sentido de humor
menos errores en el trabajo

Siesta: buen seguro de vida
para descanso físico y psíquico

¡Pero! saber dormirla

Actividad 4.3

1 (i) (c)

(ii) (b)

(iii) (d)

(iv) (a)

Actividad 4.4

(b) los dientes

(c) los dedos de la mano

(d) los ojos

Actividad 4.6

1 Problemas ecológicos

(a) Destrucción del paisaje costero y de las playas

(b) Destrucción de especies autóctonas

(c) Playas contaminadas y sucias

(d) Contaminación de los ríos y del campo

(e) Escasez de agua

(f) Contaminación acústica

2 Did you remember to use *por* and *porque* to give reasons? Here are some possible answers:

(b) Porque se comercializa con especies autóctonas.

(c) Por la masificación del turismo.

(d) Porque se abandonan basuras y desperdicios.

(e) Porque se malgasta agua en atracciones turísticas y por falta de reciclaje y depuración.

(f) Por los ruidos de los frenazos de los autobuses, las bocinas de los coches, las sirenas de las ambulancias, las alarmas electrónicas estropeadas, los aviones, los camiones de la basura, las motocicletas, el martillo mecánico, las discotecas, etc. Porque faltan normativas severas.

Actividad 4.7

(a) se aconseja

(b) otro consejo

(c) mejor

(d) no se debe

(e) recomiendan

(f) se debería / se aconseja

(g) mejor / preferible

(h) el mejor consejo

(i) otro consejo

(j) recomiendan

Actividad 4.8

1 Here is a possible answer:

Decálogo verde para casa

1 Usar envases de vidrio retornable.

2 No usar papel blanqueado con cloro.

3 Regar el jardín por la mañana o por la noche.

4 Llevar cesta o carro de la compra al mercado.

5 Cocinar con olla exprés y tapar las cacerolas y sartenes al cocinar.

6 No usar lejía.

7 Usar productos naturales para limpiar: limón, vinagre y agua.

8 Separar la basura orgánica.

9 No malgastar agua.

10 Consumir menos comidas prefabricadas.

2 Here are some possible slogans:

- Si quiere que sus plantas beban más… **riegue** su jardín sin sol.

- ¿Que no sabe qué hacer con tantas bolsas de plástico? **Lleve** su carro a la compra.

Actividad 4.9

2 Here are some possible answers:

(a) Debes respetar la vida tradicional de los aldeanos. / Los aldeanos no deberían tener que cambiar sus vidas para atender a los turistas.

(b) Debes usar adecuadamente tu bici y respetar los sembrados y prados.

3 Here is a possible answer:

(b) No se permite andar en bicicleta fuera de los caminos marcados.

Actividad 4.10

1 The words that do not belong are:
hospitales, *piñatas*, *escolar*, *biografía*, and
barómetro.

3 (a) constipado: estreñido. 'Estar constipado'
es tener un catarro, un resfriado.

(b) conductor: director (de orquesta). 'El
conductor' es la persona que conduce
(un autobús, un coche…).

(c) eventualmente: con el tiempo.
'Eventualmente' significa posiblemente.

Look up examples of false friends in the
dictionary.

Hechos y acontecimientos ~

The second part of this book, *Hechos y acontecimientos*, is divided into four *unidades*. The accompanying video and audio material was recorded in Galicia, Mexico and Peru.

Unidad 1, Una historia llena de colorido, will enable you to talk about the past, mostly by exploring historical events.

Unidad 2, Mitos, leyendas y otras historias, which presents the fourth episode of the Audio Drama, will help you develop your skills in describing people and narrating events in the past, both formally and informally.

Unidad 3, Fechas para recordar, further develops your ability to narrate in the past tenses, this time by looking at how people describe their personal experiences.

Unidad 4, Repaso, is devoted to revision and consolidation. It contains summaries of the grammar and vocabulary presented, including a section on Spanish American usage.

Unidad 1
Una historia llena de colorido

In this *unidad* you will learn how to talk about people and events in the past.

Learning Objectives

By the end of this *unidad* you should be able to:

- Locate events in the past;
- Refer to events and actions that are past and complete;
- Refer to historical events and the lives of historical figures;
- Refer to your own life in the past.

Key Learning Points

Sesión 1

- Using the historic present to talk about the past.
- Revising dates.
- Developing the skills to make oral and written summaries of events in the past.

Sesión 2

- Using the preterite to talk about the past.
- Revising expressions of time to refer to the past.
- Broadening vocabulary relating to historical events.
- Pronunciation of words that change meaning when their stress changes.

Sesión 3

- Referring to ordinary events in the past.
- Using numerals above 1,000.
- Pronunciation of 'rr'.

Study chart

Activity	Timing (minutes)	Learning point	Materials
		Sesión 1 *Hechos históricos*	
1.1	10	Identifying events in the past: the historic present	
1.2	15	Practising dates	Activities Cassette, Spanish Grammar
1.3	35	Narrating events in the past using the historic present	
1.4	35	Talking about people in the past using the historic present	Activities Cassette
1.5	35	Using chronological information to help structure written passages	Activities Cassette
		Sesión 2 *Vidas ilustres*	
1.6	25	Talking about the past using the preterite	Activities Cassette, Spanish Grammar
1.7	25	Looking at Mexican history through its murals	Video
1.8	25	Talking about characters from history	Transcript Booklet, Video
1.9	20	Listening to gain general information	Video
1.10	40	Referring to people in the past	Activities Cassette, Spanish Grammar, Video
	10	**Pronunciation**: words that change meaning with stress change	Pronunciation Practice Cassette and Booklet
		Sesión 3 *¿Quién fue, cómo y cuándo pasó?*	
1.11	40	Situating events in the past	Activities Cassette
1.12	50	Summarizing information; becoming familiar with common verbs that are irregular in the past tenses	Spanish Grammar
1.13	15	Practising numbers above 1,000	Activities Cassette
	20	**Pronunciation**: the 'rr' sound	Pronunciation Practice Cassette and Booklet

Sesión I   Hechos históricos

In this session you will learn how to refer to events and figures from the past.

Actividad 1.1

1 Read the following summary of a painful period in Spain's contemporary history:

Lea el siguiente resumen de un episodio de la historia contemporánea de España:

> La Guerra Civil española comienza el 18 de julio de 1936, cuando un grupo de generales, entre ellos Francisco Franco, se subleva contra el gobierno democrático de la Segunda República.
>
> Este grupo encabezado por el general Franco está adscrito a la ideología fascista vigente en Europa. La guerra dura casi tres años y termina el 1 de abril de 1939. A partir de este momento empieza la dictadura franquista que dura hasta 1975.

Are these events past or present? Which tense is used?

Estos sucesos, ¿son sucesos pasados o presentes? ¿Qué tiempo verbal se utiliza?

Recounting historical events imposes a number of constraints: they are generally placed in a rather distant past, they are retold as facts and the speaker is personally detached. A narrative style is required.

The present tense can be used to recount completed past actions (i.e. the historic present) as an alternative to using the simple past. This has the effect of making the narrative sound more immediate.

2 Write sentences about the following events using the historic present:

Escriba frases acerca de los siguientes acontecimientos usando el presente histórico:

Ejemplo
Guerra Civil española / 18 de julio / 1936 (empezar)

La Guerra Civil española empieza el 18 de julio de 1936.

(a) árabes / península ibérica / 711 (invadir)

(b) escritor colombiano / Gabriel García Márquez / Premio Nóbel de literatura / 1982 (recibir)

(c) Revolución Cubana / 1959 (tener lugar)

(d) Hernán Cortés / México / 1519 (llegar)

Actividad 1.2

To talk about historical events, you need to be able to use dates accurately.

1 Go to Extract 1 of your Activities Cassette. Listen to the dates given and then repeat them aloud.

Vaya al Extracto 1. Escuche y después repita las fechas en voz alta.

Atando cabos

Expressing dates in Spanish

Spanish dates are expressed with cardinal numbers (*uno, dos*, etc.), except for the first day of the month which can also be expressed with the ordinal number *primero*:

      el uno de abril *or*

      el primero de abril

The names of the months are written with lower case initial letters in Spanish:

      enero, febrero, marzo, *etc.*

This also applies to the days of the week (*lunes, martes*, etc.) and the seasons of the year (*invierno, primavera*, etc.).

To refer to a specific date, you need to use the article plus the month and the year with the preposition *de*. 12 August 1999 would be expressed as follows:

Artículo	Día	Preposición 'de'	Mes	Preposición 'de'	Año
el	doce	de	agosto	de	mil novecientos noventa y nueve

When referring to dates after 1999, you should use *del* before the year:

      el doce de marzo del (de + el) dos mil cinco

      el tres de julio del (de + el) tres mil cincuenta y siete

2 Write down the following dates as described above. You may want to make some notes in your *Diario*.

Escriba las siguientes fechas como en el ejemplo anterior:

(a) 25 May 1997

(b) 1 January 1901

(c) 12 October 1492

(d) 2 June 2010

To revise cardinal numbers, days, months, seasons and dates, refer to your Spanish Grammar (pp. 191–193, 199–201).

3   Go to Extract 2 and say each date aloud after the English prompt.

Vaya al Extracto 2 y diga cada fecha después del estímulo en inglés.

Actividad 1.3

In this *actividad* you are going to read about how Mexico gained its independence.

1   First, read through this list of milestones in Mexican history, which will help you to place the gaining of independence in its historical context:

Lea la siguiente cronología:

Cronología	Hitos en la historia de México
1519-23	Conquista de México por Hernán Cortés
1810	Rebelión indígena dirigida por el sacerdote Miguel Hidalgo
1821	Independencia de México
1824	Promulgación de la constitución de la República
1846	Guerra con los Estados Unidos
1848	Tratado entre México y los Estados Unidos
1877	Proclamación de Porfirio Díaz como presidente constitucional de la República de México
1910	Comienzo de la Revolución

2   Now read the following passage for general meaning:

Lea el texto para comprender la idea general:

La Independencia de México

El actual día de la Independencia conmemora la rebelión de 1810, conocida con el nombre de 'El grito de Dolores'. La Independencia comienza con el levantamiento de los habitantes de este pueblo encabezados por el sacerdote Miguel Hidalgo, que avanza hacia la capital ganando poco a poco adeptos para su causa. No logra llegar a ella y, en 1811, muere fusilado. Más adelante, José María Morelos asume el liderazgo pero es ejecutado poco después. La verdadera independencia de México tiene lugar con la firma del Tratado de Córdoba, cuando Iturbide, general que había comandado las tropas españolas, se une súbitamente a los insurgentes iniciando la lucha por la independencia e igualdad entre gachupines y mexicanos.

el gachupín
pejorative name for a Spanish settler in Mexico

Tras el reinado de Iturbide (1821–23), se proclama la nueva República de México, dando paso a 50 años de inestabilidad política y económica. La independencia no supone un gran cambio para el pueblo mexicano: los criollos de la élite ocupan el lugar de los gachupines y la mayoría de los indígenas y mestizos continúan viviendo en la pobreza.

el criollo
a person born in
Latin America of
European descent

Tras la intervención militar de los EEUU en México en 1846, se firma un acuerdo en el que los EEUU pagan 15 millones de dólares por Texas, Nuevo México y California y cinco años más tarde, el general Santa Anna, al frente del gobierno, vende también Arizona.

(Serie latinoamericana no. 1, *México el ombligo de la luna*, Embajada de España en Londres en colaboración con la Embajada de México en Londres, adaptado.)

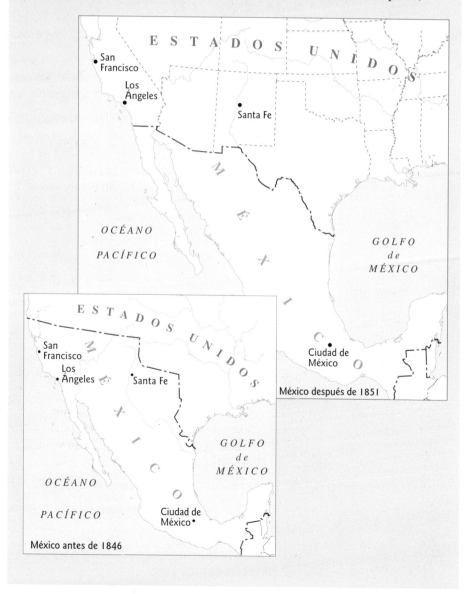

México después de 1851

México antes de 1846

3 Now look up any words you do not know in your dictionary. Note any th[a] you may find useful in your *Diario*.

Busque en el diccionario las palabras que no conozca.

4 Read the text again and answer the following questions in Spanish. Give full answers, i.e. using verbs.

Lea el texto otra vez y responda a las siguientes preguntas en español. D[e] respuestas completas:

(a) ¿Qué representa la firma del Tratado de Córdoba?

(b) ¿Qué caracteriza los primeros 50 años de vida de la República de México?

(c) Después de la Independencia, ¿quiénes se benefician del nuevo régim[en]

(d) ¿En qué año pasa Arizona a ser parte de los Estados Unidos?

Actividad 1.4

Now you are going to listen to an extract about Antonieta Rivas Mercado and her relationship with the Mexican writer and politician José Vasconcelos.

1 Listen to Extract 3 for overall meaning without looking at the transcript.

Escuche el Extracto 3 sin mirar la transcripción.

2 Below are some sentences from the extract. Work out the meaning of the words or expressions in bold, if necessary using the dictionary.

Deduzca el significado de las palabras en negrita, utilizando el dicciona[rio] si es necesario.

(a) … su padre **se esmera** mucho en su educación.

(b) Y **se dedica** a promover grupos culturales…

(c) …Vasconcelos **se enamora** de ella…

(d) Entonces Antonieta, con una pistola, llega y **se mata**, ¿no?

3 Listen to the extract again and put the following statements in order so th[at] they summarize Antonieta's story:

Escuche el extracto otra vez y luego ponga las siguientes frases en el orden correcto:

(a) En 1929 Vasconcelos pierde las elecciones presidenciales y decide exiliarse en París.

(b) Antonieta es una mujer bien educada y que habla varios idiomas.

(c) A la edad de aproximadamente 33 años Antonieta se suicida en la catedral de Notre Dame.

(d) Antonieta abandona su familia para seguir a Vasconcelos pero su vid[a] con él no es muy feliz.

(e) Durante su juventud se dedica a promover actividades culturales y así conoce a José Vasconcelos, entonces ministro de educación, con quien tiene una relación muy tormentosa.

Actividad 1.5

Here you will find out about two other famous people, one Peruvian and one Spanish.

1   The first is Garcilaso de la Vega. Read the following facts about his life story:

Lea los siguientes datos acerca de la vida del inca Garcilaso de la Vega:

> ### Garcilaso de la Vega – cronista de Indias
> *Perú, 1539 – España, 1616*
>
> *Padres:*
> *El capitán español don García Lasso de la Vega y la princesa incaica Isabel Chimpu Ocllo, prima del Inca Atahualpa.*
>
> *1539 – 1559: Educación esmerada en Perú.*
>
> *1559: Muerte de su padre; viaje a España.*
>
> *1586: Comienzo de su obra maestra,* Comentarios reales, *sobre el origen de los incas, su vida y sus creencias.*
>
> *1586 – 1609: Publicación de la mayor parte de su obra – novelas históricas y los tres volúmenes de los* Comentarios reales. *Parte de este periodo en Portugal.*
>
> *1616: Muerte, sin la fama que merecía.*

2   Now read the following paragraph where the same information is presented. Think what means have been used to bring the information together and avoid having to repeat the list of dates. Underline the expressions that you think have replaced some of these dates.

Lea el siguiente párrafo y subraye las expresiones que han reemplazado el uso de fechas:

Garcilaso de la Vega nace en Perú. Es hijo del capitán español don García Lasso de la Vega y de la princesa incaica Isabel Chimpu Ocllo, prima del Inca Atahualpa. Recibe su educación y pasa los primeros veinte años de su vida en su tierra natal. En 1559 muere su padre y Garcilaso viaja a España. A los 47 años de edad empieza la preparación de su obra maestra, *Comentarios reales*, donde habla del origen de los incas, su vida y sus creencias. Entre 1586 y 1609 publica la mayoría de sus obras, incluyendo los tres volúmenes de los *Comentarios reales*. Durante parte de este periodo también vive en Portugal. Muere en España, sin la fama que merece, a los 77 años de edad.

Atando cabos

Summarizing periods of time

In the preceding passage, the dates have in some cases been replaced by expressions of time. A fuller list of expressions might include:

los primeros xx años de su vida

los últimos xx años de su vida

a los xx años de edad

en su niñez

en su juventud

en su vejez

en esta época

en ese momento

unos años más tarde

By using this sort of expression you can convert chronological information into cohesive sentences. You can also use connectors that help you order the paragraph, such as *luego, después, finalmente*, and so on.

3   Now read the following facts about the Galician writer Rosalía de Castro and write a paragraph of 80–100 words similar to the one about Garcilaso de la Vega.

Ahora lea los siguientes datos sobre la escritora gallega Rosalía de Castro y escriba un párrafo similar al anterior.

Rosalía de Castro – escritora gallega
Santiago de Compostela, 1837 – Padrón, 1885

1848: Primeros poemas.

1856: Traslado a Madrid. Nostalgia de la emigración.

1858: Matrimonio con el escritor Manuel Murguía, tres hijos.

1885: Muerte.

Su obra: poesía sencilla e intimista, en gallego y en castellano.

1863 – Cantares gallegos.

1880 – Follas novas.

1884 – En las orillas del Sar.

---

4 Listen to a model answer on Extract 4.

Puede oír un posible resumen de su vida en el Extracto 4.

¿Sabía Ud. que...?

Los gallegos han sido un pueblo de emigrantes por excelencia. Durante la conquista y colonización de América numerosos grupos, normalmente vecinos de un pueblo, se desplazaron a diferentes países del Nuevo Mundo. Sin embargo, el gallego sufre siempre la nostalgia de estar lejos de su tierra. La palabra gallega para expresar este sentimiento es 'morriña', y ha sido adoptada en todo el territorio español para indicar un sentimento de melancolía o añoranza.

Sesión 2 Vidas ilustres

In this session you will become familiar with other ways of referring to past events.

Actividad 1.6

1 Read the following newspaper extracts and underline the verbs used to refer to past events:

Lea los siguientes textos y subraye los verbos que se refieren a hechos pasados:

En Madrid, la manifestación más grande de la historia de España

Millones de españoles salieron ayer a la calle en defensa de la libertad y la democracia

'Si esto no es el pueblo, que digan dónde está.' La mayor manifestación de la historia de España tuvo lugar ayer en Madrid, cuando millones de españoles salieron a la calle en defensa de la Constitución y como protesta contra el intento de golpe militar sucedido el lunes pasado.

(*El País*, 28 de febrero de 1981.)

Miguel Ángel Asturias, el escritor guatemalteco, ganó el Premio Nóbel de literatura en 1967.

El pasado día 19 de abril falleció el escritor y poeta mexicano Octavio Paz a los 84 años de edad. Paz, que nació el 31 de marzo de 1914 en Ciudad de México, desarrolló a lo largo de su vida una intensa actividad literaria y cultural, pero también se dedicó a la democracia.

(*Noticias Latin America*, mayo de 1998.)

Atando cabos

Referring to past events using the preterite tense

The extracts above refer to events that finished in the past:

> Millones de españoles salieron ayer a la calle...

> ... ganó el Premio Nóbel de literatura en 1967.

> ... falleció el escritor y poeta mexicano Octavio Paz...

The tense used to express these events is the preterite. For further information, and to revise the regular endings, refer to your Spanish Grammar (pp. 6–7 and 240, 243, 246).

The preterite is often accompanied by phrases such as:

Anteayer Ayer Anoche El otro día	
Hace...	dos días varias semanas tres meses algunos años
El mes... El año... El verano... El fin de semana... La semana...	pasado pasada

These are called adverbial phrases of time. You may want to start a page in your *Diario* on how to refer to events in the past.

2   Listen to Extract 5 and make sentences using the preterite tense.

Vaya al Extracto 5 y haga frases.

Now you are going to watch a video sequence about the murals of two important Mexican artists.

1 Before watching the video, read the following:

Antes de mirar la secuencia de vídeo lea el siguiente texto:

En el siglo XVI existía en España un Consejo de Indias que se encargaba de todo lo relativo al Nuevo Mundo. El rey de España era, al mismo tiempo, el rey de las colonias que estaban organizadas en cuatro virreinatos: Nueva España, Nueva Granada, Río de la Plata y Perú.

La siguiente pirámide refleja la organización social de las colonias:

Virrey

Peninsulares
(Funcionarios de la
administración colonial –
poder político)

Criollos
(Poder económico)

Mestizos, indígenas y negros

(Serie latinoamericana no. 1, *México el ombligo de la luna,* Embajada de España en Londres en colaboración con la Embajada de México en Londres, adaptado.)

D

Make sure you understand all the words in the pyramid. Write those you find useful in your *Diario*.

Asegúrese de que entiende todas las palabras. Apunte en su Diario las que le parezcan útiles.

2 Watch the video sequence 37:49 – 39:32. What are the names of the two muralists?

Ahora vea la secuencia de vídeo. ¿Cuáles son los nombres de los muralistas?

3 Watch the video sequence again and complete the information below:

Vea de nuevo la secuencia de vídeo y complete la información a continuación:

D. Rivera: *México a través de los siglos*	J. O'Gorman: *Retablo de la Independencia*
Localización del museo:	Años de producción del mural:
Año de nacimiento de Rivera:	Tema mostrado en la primera parte del mural:
Año de su muerte:	
Tema del mural:	Parte superior:
	Parte baja:

Actividad 1.8

Now you are going to the Archivo General de la Nación where its director, Patricia Galeana, talks about a key figure in Mexican history: *el padre* Hidalgo.

1 Watch the video sequence 39:32 - 40:50 and name two of Hidalgo's achievements. You may need to watch it more than once.

Vea la secuencia de vídeo y diga dos de las contribuciones más importantes de Hidalgo.

2 Watch the video sequence again. Then complete the blanks in the following passage with the correct form of one of the following verbs:

Vea otra vez la secuencia de vídeo. Luego rellene los espacios en blanco con la forma correcta de uno de los siguientes verbos:

darse, poder, llamar, ir, iniciar, ser

Hidalgo ...... un proceso independentista y ...... a las filas de esta lucha no solamente a los criollos, sino también a los mestizos, a los indígenas y a las castas.

Hidalgo ...... a dar uno de los pasos más trascendentes que ...... dar un hombre en un momento como éste, que ...... la abolición de la esclavitud.

La abolición de la esclavitud en México se da por Hidalgo en 1810.

Hay que recordar que en Estados Unidos de Norteamérica ...... en 1860. Exactamente medio siglo después.

3 Which tense does Patricia use and why?

¿Qué tiempo verbal usa Patricia y por qué?

4 Now read the paragraph aloud (page 8 of the Transcript Booklet) as you watch the video sequence. This will not be difficult since Patricia does not speak very fast.

Ahora lea el párrafo en voz alta al mismo tiempo que mira la secuencia de vídeo.

Actividad 1.9

Now you are going to watch a video sequence about another famous person in Mexican history.

1 Watch the video from 40:50 to 41:45. What is the character's name? Does Patricia use the same tense as when she was talking about Hidalgo?

fraguar
to conceive

Vea la secuencia de vídeo. ¿Cómo se llama este personaje? ¿Qué tiempo verbal usa Patricia para hablar de él?

2 Say whether the following statements are true or false. If you wish, watch the video again before you answer.

Indique si las siguientes frases son verdaderas o falsas:

El gobierno de Porfirio Díaz...	Verdadero	Falso
(a) … se caracterizó por poca administración.	❑	❑
(b) … fue un gobierno breve.	❑	❑
(c) … se convirtió en una dictadura.	❑	❑
(d) … reavivó la economía de México.	❑	❑
(e) … tuvo muy satisfecho al pueblo mexicano.	❑	❑

3 Porfirio's government had positive and negative aspects. Make a list of those you think were positive or negative in the following box:

Escriba los aspectos positivos y los negativos del gobierno de Porfirio Díaz:

Aspectos positivos	Aspectos negativos

Actividad 1.10

You are going to watch four people talking about important figures from Spain and Latin America.

1 First, go to pages 272 and 295 of your Spanish Grammar to learn / revise the irregular forms of *hacer* and *ser* in the preterite tense.

Revise el pretérito de 'hacer' y 'ser'.

2 Watch the video sequence 41:45 – 43:58 to find out about the different people mentioned.

Mire la secuencia de vídeo para que se familiarice con las personas mencionadas.

3 Answer the following questions. Watch the video sequence again if you wish.

Responda a las siguientes preguntas:

(a) **Benito Juárez**

    (i)   ¿Quién fue Benito Juárez?

    (ii)   ¿Qué hizo?

(b) **Picasso**

    (i)   ¿Qué adjetivo usa la entrevistada para describir a Picasso?

    (ii)   ¿Dónde está el Museo Picasso?

(c) **José de San Martín**

    (i)   ¿Cuál es la pregunta de la entrevistadora?

    (ii)   ¿De qué nacionalidad es José de San Martín?

    (iii)   ¿Para qué luchó?

(d) **César Vallejo**

    (i)   ¿Quién fue César Vallejo?

    (ii)   ¿Qué dice la entrevistada de sus obras?

Atando cabos

Referring to people in the past

In the video sequences you heard people answering questions about famous people from the past, summarizing who they were and what they did with sentences such as:

> '… **fue un** gran personaje español, **que**, bueno… todo el mundo conoce que nació en Málaga…'

G

'... **fue un** militar argentino **que** en el siglo pasado luchó por...'

fue un/una ......+ que + *sentence in the past (relative clause)*

Relative clauses / sentences are those preceded by a relative pronoun like *que*. For more information, go to page 124 of your Spanish Grammar Book.

4   A Spanish-speaking friend wants to find out more about some well-known British people. Answer the following questions as in the example:

Conteste las preguntas que le hace un amigo de habla hispana:

Ejemplo

¿Quién fue J.M.W.Turner?

J.M.W.Turner fue un gran pintor inglés de los siglos XVIII y XIX que se destacó por su capacidad innovadora, sobre todo en los paisajes con efectos de luz.

(a) ¿Quién fue Shakespeare?

(b) ¿Quién fue John Lennon?

(c) ¿Quién fue Guy Fawkes?

5   You can hear some model answers on Extract 6.

Puede oír unas posibles respuestas en el Extracto 6.

Pronunciación

Do the exercises in *Práctica 16* of the Pronunciation Practice Cassette and Booklet, which concentrate on words that change meaning with shifts in stress.

Sesión 3   ¿Quién fue, cómo y cuándo pasó?

You are going to consolidate how to refer to past events.

Actividad 1.11

1   Overleaf is a biographical outline of a well-known Spanish character. Read it and guess who this person is. Then check in the *Clave*.

Aquí tiene un esquema de la biografía de un personaje universalmente conocido. Léalo y adivine el nombre del personaje.

1547	Lugar de nacimiento desconocido, pero probablemente es Alcalá de Henares.
1547–1569	Vive en Valladolid, Madrid y varias ciudades andaluzas.
1570	Se alista como soldado y sirve en Italia.
1571	Recibe heridas en la batalla naval de Lepanto. Pierde el uso de la mano izquierda.
1575–1580	Cautiverio en Argel.
1580	Se instala en Madrid.
1584	Contrae matrimonio con Catalina de Palacios Salazar.
1605	Publica la primera parte de su obra literaria más famosa.
1608	Separado de su mujer, se instala en Madrid. Desarrolla una gran actividad literaria. Su fama se extiende por España y el extranjero pero vive en una relativa pobreza.
1615	Publica la segunda parte de su obra maestra.
1616	El 23 de abril muere. Ese mismo día también muere William Shakespeare.

2 Write a 150–word summary of this person's life using the preterite tense.

Escriba un resumen de la vida de este personaje utilizando el pretérito indefinido.

Atando cabos

Situating events in the past

There are many expressions and constructions used with the preterite tense to situate, link and mark the duration or beginning / end of events in the past:

> **en + *año*: En 1492** Colón descubrió América.

> **en + *tiempo*: En aquel año** hubo muchas desgracias.

> **a los xx años: A los 10 años** escribió sus primeras poesías.

> **hace + *tiempo*: Hace cinco años** estuve en Ecuador.

To relate or link events in the past:

> **al cabo de + *tiempo*:** Llegaron en el 91 y **al cabo de cinco años**, regresaron a su país.

después de + *tiempo*: Llegaron en marzo y **después de seis meses** se fueron.

To mark the duration of events in the past:

desde... hasta...: Vivió en Madrid **desde** los 23 **hasta** los 30 años.

de... a...: Fue presidente **de** 1960 **a** 1963.

To refer to the beginning / end of an event:

comenzar a... /empezar a...: Comenzó a bailar en cuanto llegó al festival. / **Empezó a** pintar en 1902.

iniciar: Hidalgo **inició** el proceso independentista.

terminar... de... / en...: Terminé de estudiar en la universidad **en** 1990.

finalizar: Su gobierno **finalizó** antes de lo esperado.

3 You will now practise some of these expressions. Listen to Extract 7 and do the exercises following the example.

En el diálogo del Extracto 7 podrá practicar algunas de las expresiones anteriores.

4 You can listen to a model answer on Extract 8.

Puede oír una posible respuesta en el Extracto 8.

5 You meet a friend you haven't seen for a few years. Give her or him a summary of your life over this period. Make some notes of what you would say, then prepare a short summary of about 100 words and say it aloud. If possible record yourself.

Ahora va a contarle a un amigo que no ha visto por algún tiempo qué ha sido de su vida en los últimos años. Prepare lo que va a decirle y grábese si puede.

6 You can listen to a model answer on Extract 9. The notes on the right were used to help write it.

Escuche una posible respuesta en el Extracto 9.

1988: Conoce al primer marido, Alejandro. Junio, boda.

1989: Primer hijo. Deja de trabajar.

1991: Separación.

1993: Divorcio.

1992: Traslado a Chile.

1992–1997: Estudios de Derecho.

1998–1999: Trabajo de abogada en Chile.

1999: Vuelta a Madrid.

Actividad 1.12

In the previous *actividad*, you narrated events in the past in an informal way. Now you will learn how to narrate in more formal language by reading an article which appeared in *El País Semanal* about the disaster that took place in the nuclear power station at Chernobyl.

1 Read the article for general meaning. Why does it carry this headline?

Lea el artículo y trate de entender la idea principal.

Peor que la bomba de Hiroshima

El 26 de abril de 1986, a la 1.23, en el cuarto bloque energético de la central nuclear de Chernóbil, en la República soviética de Ucrania, se produjo una explosión que provocó un incendio. El reactor quedó destruido. La mayor catástrofe nuclear de la historia se había producido. El accidente liberó entre 30 y 40 veces más material radioactivo que las bombas atómicas de Hiroshima y Nagasaki en 1945. Dos personas murieron en la explosión y 49 resultaron muertas por irradiación. El desastre se achacó al error de un operador y a la falta de medidas de seguridad. Al día siguiente, el 27 de abril de 1986, la ciudad de Prípiat, cercana a la central nuclear, se quedó vacía. Sus 40.000 habitantes fueron evacuados 36 horas después del accidente, que se conoció oficialmente en Suecia antes que en la URSS. Después de 12 días, el fuego de Chernóbil quedó extinguido. Más de 135.000 personas fueron evacuadas, con retraso, a otras poblaciones. Una nube tóxica afectó a los territorios agrícolas de buena parte de Europa oriental. En la ciudad de Gómel, en Bielorrusia, se detectó un aumento de los casos de cáncer de casi el 45%, mientras que los de bocio se multiplicaron por 15. Más del 75% de los alimentos sometidos a pruebas en Bielorrusia después del accidente nuclear demostraron estar contaminados. El científico ruso Viacheslav Konoválov estimó que los efectos de la catástrofe de 1986 producirán monstruosas mutaciones en el reino animal y en el vegetal que no desaparecerán en ocho siglos y cuyos efectos son desconocidos.

(Basado en un artículo de Bonet, P., aparecido en *El País Semanal*, 14 de abril de 1996, No. 1.020. Foto: Keith Bernstein/FSP.)

2 Read the article again and complete the summary information opposite. Try to deduce the meaning from the context as much as you can, but do look up any key words you don't understand.

Lea el artículo de nuevo y complete la información a continuación:

La tragedia de Chernóbil	
Fecha y hora	
Lugar	
Hechos	
Efectos inmediatos	
Consecuencias posteriores	
Efectos a largo plazo	

3 Now look at your summary. Without going back to the original text, write about 75 words on what happened.

Utilizando su resumen, escriba con sus propias palabras lo que pasó en Chernóbil.

4 In the text the event is narrated in the preterite. Some of the verbs are irregular. Can you identify them?

¿Puede identificar los verbos irregulares en el pasado que aparecen en el artículo?

Atando cabos

Some common irregular verbs

Verbs such as *morir* and *producirse* are irregular. You will become acquainted with other irregular verbs in future weeks. For the moment it may be useful for you to remember that:

morir is conjugated the same as *dormir;*

all verbs ending in *-ducir* are conjugated like *producir.*

To learn more about these verbs, refer to pages 267 and 283 of your Spanish Grammar.

In the text you also came across the verbs *provocar, achacar* and *multiplicar.* They are not irregular, but in the written language the 'c' changes to 'qu' before 'e' in the first person singular in order to conserve its hard /k/ sound. For more information, go to page 249 of your Spanish Grammar.

G

5 Some of the verbs in the passage can be replaced by one of the following:

> probar, desprender, ocasionar, fallecer, descubrir, ocurrir

Replace the verb highlighted in each sentence with one from the list above in its correct form:

Reemplace los verbos destacados con otros de la lista en su forma adecuada:

    (a) En la República de Ucrania **se produjo** una explosión que **provocó** un incendio.

    (b) El accidente **liberó** más material radioactivo que la bomba de Hiroshima.

    (c) Dos personas **murieron** en la explosión.

    (d) En la ciudad de Gómel se **detectó** un aumento de los casos de cáncer.

    (e) Más del 75% de los alimentos sometidos a pruebas después del accidente **demostraron** estar contaminados.

6 Can you find other synonyms for these verbs? You will probably find it easier to begin with the Spanish section of your dictionary. Check your answers in the *Clave*.

Busque otros sinónimos de los verbos anteriores. Compruebe sus respuestas en la Clave.

Actividad 1.13

Several numbers appear in the text. Here, you will revise those above 1,000 such as:

40.000 habitantes   135.000 personas

Atando cabos

Numbers above 1,000

1.000	mil	1.000.000	un millón
2.000	dos mil	2.000.000	dos millones
40.000	cuarenta mil	40.000.000	cuarenta millones
100.000	cien mil	500.000.000	quinientos millones

Remember that the place that indicates the thousand and the million in Spanish is marked, unlike in English, with a stop, **not** with a comma. The comma is used to mark the decimal point.

Note also that the hundreds between 200 and 900 agree in number and gender with the object(s) they refer to:

> trescientas pesetas

> cuarenta mil setecientos habitantes

> cuarenta mil setecientas personas

¿Cien o ciento?

When a hundred is followed by tens or units, *ciento* is used:

> 155.000 = ciento cincuenta y cinco mil

> 109 = ciento nueve

If it is followed directly by *mil, millones,* etc., or by a noun, *cien* is used:

> cien mil / cien millones

> cien personas

Cien and *ciento* do not vary in gender and number:

> cien razones

> ciento nueve personas

> ciento cincuenta hombres

'One hundred per cent':

> Cien por cien   *(Spain)*

> Ciento por ciento   *(Spanish America)*

Listen to Extract 10 and say the numbers aloud.

Vaya al Extracto 10 y diga los números en voz alta.

Pronunciación

Do the exercises in *Práctica 17* of the Pronunciation Practice Cassette and Booklet, which concentrate on the sound 'rr'.

Del dicho al hecho

You may want to find out more about the characters you have come across in this *unidad*. Try your local library, although if you have access to the Internet you could probably find information on them in Spanish. Alternatively, choose a favourite character of your own and write a summary in Spanish of his/her life and achievements.

Unidad 2
Mitos, leyendas y otras historias

In this *unidad* you will practise describing people and narrating events in the past, mainly in relation to myths, legends and anecdotes.

Learning Objectives

By the end of this *unidad* you should be able to:

- Talk about events that took place over a period of time in the past;

- Describe people in the past tenses;

- Narrate past events in formal and informal registers;

- Understand how interjection can affect the pace of a dialogue.

Key Learning Points

Sesión 1

- Using the imperfect tense.

- Using connectors to give cohesion to a text.

- Describing people's character and appearance.

Sesión 2

- Manipulating the preterite and imperfect tenses.

- Using structures useful in recounting legends.

- Pronunciation of 'ñ'.

Sesión 3

- Listening for main and subsidiary ideas.

- Appreciating conversational devices used to speed up discourse.

- Pronunciation of 'ch'.

Study chart

Activity	Timing (minutes)	Learning point	Materials
		Sesión 1 *Mitos de ayer y de hoy*	
2.1	25	Introduction to narrating in the past	Activities Cassette
2.2	20	Introduction to the imperfect tense	Activities Cassette, Spanish Grammar, Transcript Booklet
2.3	15	Using connectors to achieve cohesion	Study Guide, Transcript Booklet
2.4	60	Describing people's appearance and character in the past tenses	Activities Cassette
2.5	15	Expressing agreement and disagreement	Activities Cassette
2.6	15	Time to relax: *La bella Lola*	Activities Cassette
		Sesión 2 *El mundo de las leyendas*	
2.7	35	Reading for general understanding; using prefixes to show negation	Study Guide
2.8	25	Summarizing a story in writing; expressing uncertainty	Activities Cassette
2.9	50	Recounting a legend	Video
	10	**Pronunciation**: the 'ñ' sound	Pronunciation Practice Cassette and Booklet
		Sesión 3 *En mangas de camisa*	
2.10	20	Listening for subdivisions in a plot	Audio Drama Cassette
2.11	30	Uses of *ya* as adverb	Activities Cassette, Transcript Booklet
2.12	25	Listening for interjections: *¡Al grano!*; making somebody get to the point	Activities Cassette, Audio Drama Cassette
2.13	15	Oral strategies: asking somebody to get to the point	Activities Cassette
	10	**Pronunciation**: the 'ch' sound	Pronunciation Practice Cassette and Booklet

Sesión 1 Mitos de ayer y de hoy

In this session you will practise using the imperfect tense.

Actividad 2.1

You are going to find out about the religious beliefs of an ancient culture.

1 Listen to Extract 11 and complete the following paragraph. You may want to listen to the passage more than once.

Escuche el Extracto 11 y luego complete el siguiente párrafo:

El pasaje habla de la .... en la que .... simbolizaban las fuerzas de la naturaleza y se representaban por medio .... También creían que el mundo estaba formado por tres planos: ...., ... e ....

2 Listen to the extract again and say if the following statements are true or false:

Escuche de nuevo el pasaje y diga si las siguientes afirmaciones son verdaderas o falsas:

	Verdadero	Falso
(a) La religión era importante en todos los aspectos de la cultura maya.	❑	❑
(b) El dios del viento se llamaba *Quetzalcóatl*.	❑	❑
(c) El sol se representaba por medio de un jaguar.	❑	❑
(d) Los dioses también se representaban con figuras humanas.	❑	❑
(e) El universo de los mayas había tenido una sola época.	❑	❑
(f) Según los mayas el hombre era hecho de maíz.	❑	❑

3 Learning words by defining them is a good way of acquiring new vocabulary. The words in the left-hand column below are taken from the extract. Their definitions are in the right-hand column. Match each word with its definition. Make notes in your *Diario* of any definitions you find useful.

Enlace cada una de las palabras de la columna izquierda con la definición correspondiente en la columna de la derecha:

(a)	élite	(i)	cuerpos celestes que pueblan el firmamento
(b)	astros	(ii)	ser divino
(c)	deidad	(iii)	periodo de tiempo de cierta duración
(d)	murciélago	(iv)	obsequio que se dedica a Dios o a los santos
(e)	época	(v)	minoría selecta
(f)	ofrenda	(vi)	animal mamífero que vuela de noche

Actividad 2.2

You are now going to concentrate on the main tense used to narrate the passage.

1 Listen to the first half of Extract 11 again and complete the text below with the relevant verbs:

Escuche de nuevo el pasaje y complete el texto a continuación con los verbos correspondientes:

> Dentro de la cultura maya la religión tenía capital importancia, ya que ...... todos los aspectos de la vida. Los sacerdotes ...... una gran influencia entre la élite y el pueblo, puesto que ...... las ceremonias y ritos para propiciar lo sobrenatural, que ...... regido por los diferentes dioses.
>
> Los dioses ...... a las fuerzas de la naturaleza, los astros, la lluvia, indispensable para la supervivencia, y la muerte. Entre las deidades que ...... mediante ofrendas, festividades, penitencia y autosacrificios, estaban *Chaac*, dios de la lluvia y los rayos; *Itzamná*, el señor de los cielos; *Ik*, dios del viento y muchos más. Más tarde también fue objeto de culto el dios *Quetzalcóatl*, la serpiente emplumada.

2 You can check your answers on page 25 of the Transcript Booklet.

Compruebe sus respuestas en el Cuadernillo de transcripciones.

3 All the verbs you wrote in the gaps are in the imperfect tense. Its main uses are as described overleaf.

Lea las siguientes notas sobre el uso del imperfecto:

Atando cabos

Uses of the imperfect tense

(a) To indicate states or actions which continued in the past for an unspecified period of time, or events whose beginning or end is not specified:

> Los sacerdotes tenían una gran influencia entre la élite y el pueblo.
> The priests had a great influence on the ruling class and the people.

> Los dioses encarnaban a las fuerzas de la naturaleza.
> The gods embodied the forces of nature.

(b) To describe people, characteristics, settings and situations when narrating in the past:

> Ella era una mujer fina y educada.
> She was an elegant and cultured woman.

> Su atención estaba en la ayuda a los pobres.
> Her efforts were dedicated to helping the poor.

> Era un día oscuro y hacía frío.
> It was a dull and cold day.

(c) To refer to habitual actions in the past:

> Iban todos los días a trabajar.
> They went to work every day.

Go to pages 240, 243 and 246 of your Spanish Grammar and revise the conjugation of verbs in the imperfect tense. Open a page in your *Diario* to make notes. There are only three irregular verbs in the imperfect tense: *ir, ser* and *ver.*

Vaya a su libro de gramática y repase la conjugación del imperfecto.

4 Complete the following sentences by conjugating the verbs in brackets in the imperfect tense:

Complete las siguientes frases conjugando los verbos entre paréntesis en el imperfecto:

(a) Los indígenas ...... (creer) que cada elemento de la naturaleza ...... (tener) un dios que lo ...... (representar).

(b) De niño yo ...... (acostumbrar) ir a casa de mis abuelos todos los veranos.

(c) Su padre ...... (ser) un hombre que ...... (respetar) la ley antes que otra cosa.

(d) Cuando tú ...... (vivir) en Guatemala, ¿qué ...... (hacer) tu padre?

(e) La noche ...... (estar) clara, y los chicos y yo ...... (poder) ver desde la ventana la llegada de los pescadores.

Actividad 2.3

Now you are going to examine some of the ways used to make the text cohesive.

1   Go to Extract 11 in the Transcript Booklet and read the first paragraph. Underline the expressions or words that you think are used to connect some of the clauses (see page 43 of the Study Guide). Do not read *Atando cabos* until you have done this exercise!

Vaya al Extracto 11 en su Cuadernillo de transcripciones. Lea el primer párrafo y subraye las palabras o expresiones que se utilizan para conectar algunas de las frases.

Atando cabos

Using connectors to achieve cohesion

The first two expressions highlighted in the following paragraph are connectors that indicate that what follows is the cause of, or reason for, the first part of the sentence. The last one is a preposition and indicates that what follows denotes an idea of purpose.

> Dentro de la cultura maya la religión tenía capital importancia, **ya que** permeaba todos los aspectos de la vida. Los sacerdotes tenían una gran influencia entre la élite y el pueblo, **puesto que** dirigían las ceremonias y ritos **para** propiciar lo sobrenatural, que estaba regido por los diferentes dioses.

You may want to make some notes about connectors in your *Diario*.

A	... ya que		
	... puesto que	+ *clause*	= *cause*
	... porque		
B	... para		
	... con el objetivo de	+ *infinitive*	= *purpose*
	... con el propósito de		

2 Join each phrase on the left-hand side with one on the right-hand side using some of the connectors mentioned. Try to vary your choice of connector.

Enlace cada frase de la columna izquierda con una de la columna derecha por medio de uno de los conectores mencionados. Trate de variar sus respuestas.

(a) Hernán Cortés fue recibido como un dios…

(i) no había(n) entradas.

(b) No fuimos al fútbol…

(ii) proteger a los niños.

(c) Se fue temprano…

(iii) se está explotando en exceso la selva tropical.

(d) Las tribus amazónicas están desapareciendo…

(iv) creían que era Quetzalcóatl.

(e) El nuevo parque está cercado…

(v) poner el depósito para su piso.

(f) El banco le prestó el dinero…

(vi) tomar el primer tren.

Ejemplo

(a) – (iv) Hernán Cortés fue recibido como un dios **ya que / puesto que / porque** creían que era Quetzalcóatl.

Actividad 2.4

You are now going to listen to a radio programme about Eva Perón.

1 First read the questions below. Then listen to the first part of Extract 12, as far as '*… quienes la aborrecen*' and try to answer them. Listen to the extract as many times as you need to.

Primero lea las siguientes preguntas. Luego escuche el primer fragmento del Extracto 12 y conteste las preguntas.

(a) ¿Dónde nació?

(b) ¿Quién fue?

(c) ¿Con quién se casó?

(d) ¿Cuándo murió?

2 Now listen to the rest of the programme, in which Lilian Guardo and Silvia Vallacasal give their opinions about Eva Perón. Then read the list of statements in the table (opposite, top), made during the interviews. Identify who has made each of them and whether they are positive or negative comments. The first has been done for you.

Ahora escuche el resto del programa e identifique quién hace cada una de las siguientes afirmaciones y si sus comentarios son positivos o negativos.

	Lilian		Silvia	
	+	–	+	–
(a) 'Nos parecía una mujer muy vanidosa…'				✓
(b) '… ayudó mucho a los pobres… a su manera, ¿no?'				
(c) 'Ella era extraordinaria en todo sentido.'				
(d) '… hay mucha gente que sigue odiándola todavía.'				
(e) 'Estaba muy interiorizada de todos los problemas del país…'				
(f) 'Por un lado ayudaba a los pobres pero su vida era muy fastuosa, ¿no?'				
(g) 'Ella fue la que hizo el voto femenino…'				

3 The following are all true statements about Eva Perón. Listen to the cassette again and indicate whether:

(a) they relate to her appearance or to her character;

(b) they are mentioned on the Cassette.

The first has been done for you.

Indique si las siguientes afirmaciones acerca de Eva Perón se refieren a su apariencia física o a su carácter, y si ese aspecto se menciona en la Cinta.

	Apariencia física	Carácter	¿Aparece en la Cinta?
1. Era una mujer fina.	✓		✓
2. Era una mujer elegante.			
3. Era una mujer muy autoritaria.			
4. Era una mujer polémica.			
5. Tenía los ojos negros.			
6. Era una mujer muy vanidosa.			
7. Era una mujer poderosa.			
8. Era una mujer alta y delgada.			
9. Era una mujer bien educada.			

Write the words and expressions that you found useful to describe character and appearance in your *Diario*.

4 Now write a short summary (around 70 words) about what people think Eva Perón was like. Use the following points as a guide for your summary, remembering to use the imperfect tense:

- Her physical appearance

- Her character

- The opinion of those who loved her

- The opinion of those who didn't like her

- A general opinion

Haga una descripción de Eva Perón siguiendo las pautas indicadas arriba.

5 Now read your summary aloud and, if possible, record yourself. You can listen to a model answer on Extract 13.

Lea su resumen en voz alta. Puede escuchar un modelo en el Extracto 13.

Actividad 2.5

1 Do you agree or disagree with what people think about Eva Perón? Think of expressions you would use to express agreement or disagreement, then compare them with the summary below:

Piense en las formas que usted usaría para expresar acuerdo o desacuerdo y compárelas con el siguiente resumen:

Atando cabos

Expressing agreement

estar de acuerdo:
Estoy de acuerdo; era un hombre muy simpático.

tener la misma opinión:
Tengo la misma opinión; es muy antipático.

tener razón:
Tienes razón; es majísima.

es verdad… / cierto…:
Es cierto, es muy listo.

Expressing disagreement

This can be done by putting *no* in front of the expressions above:

No estoy de acuerdo…

No tengo la misma opinión…

No tienes razón…

No es verdad… / cierto…

Or by using expressions like:

estar en contra:
Los empleados están en contra de esa decisión.

estar en desacuerdo:
Estoy completamente en desacuerdo con tu opinión.

creer todo lo contrario:
Creo todo lo contrario; es un mentiroso.

estar equivocado:
Están equivocados; fue un accidente.

2 Go to Extract 14 and react to the statements made about Eva Perón, following the example.

Vaya al Extracto 14 y reaccione a las afirmaciones hechas acerca de Eva Perón, como en el ejemplo.

Actividad 2.6

It is now time to relax. Listen to Extract 15, a traditional *habanera* called *La bella Lola*, here arranged by Señor Viader and performed by the group *Terra endins*.

Escuche la habanera 'La bella Lola' en el Extracto 15.

¿Sabía Ud. que…?

Las habaneras son un tipo de canciones que surgieron en el siglo XIX entre los marineros españoles emigrados a Cuba. Son canciones que cuentan historias de amor, añoranza de la tierra de origen, amores perdidos y muertes. Los marineros que se repatriaron siguieron cantando estas canciones con los mismos temas, de nostalgia, del mar, de amores pasados y de las tierras caribeñas.

Del dicho al hecho

Try to transcribe the song and then compare your version with that in the Transcript Booklet. Pay particular attention to the tenses used to narrate the story.

Sesión 2   El mundo de las leyendas

In this session you are going to practise referring to the past, using legends as a vehicle for the narrative.

Actividad 2.7

Here you will read about the legend of the founding of Santiago de Compostela.

1   Read the following passage for overall meaning. Underline new words as they appear but do not stop to ponder their meaning: remember that you don't have to understand every single word. Go to pages 23 and 24 of the Study Guide and read the advice on how to progress from the general meaning to more specific details.

   Lea el texto para entenderlo de una manera global. Subraye las palabras que no comprende, pero no se detenga a buscar su significado.

El milagro de Santiago de Compostela

La leyenda **cuenta que** Santiago de Compostela nació de un milagro. Entre los años 812 y 814, un ermitaño llamado Paio, que hacía oración en el bosque, un día oyó unos delicados cantos angélicos y vio unas luces misteriosas que surgían de entre la maleza. Sorprendido por el descubrimiento, avisó al obispo de la vecina diócesis de Iria Flavia, quien ordenó ayunos y penitencias. A los pocos días, en el lugar señalado, se descubrió una pequeña tumba de mármol que desde el primer momento fue identificada como el sepulcro del apóstol Jacobo o Iago, a quien la iglesia española venera desde entonces bajo el nombre de Sant Iago o Santiago.

Parece que la noticia le llegó en primer lugar al rey Alfonso II, que mandó levantar un templo en el lugar de los hechos. Por esta razón se le considera el verdadero fundador de la ciudad. Después, con la bendición de Roma, muchísimos peregrinos de todo el mundo se pusieron en camino para visitar la tumba del apóstol en el finisterre occidental, aquel rincón apartado de Europa más allá del cual no había más que la inmensidad tenebrosa del océano.

el rincón apartado
remote corner

Una leyenda apócrifa **asegura que** el primer peregrino de la historia fue Carlomagno quien, durante un sueño, había visto un camino de estrellas que empezaban sobre el mar de Frisia y que después, continuando por Alemania y Francia, entraba en España por Navarra hasta finalizar en Galicia.

La historia **dice**, sin embargo, **que** el primer extranjero que hizo el camino fue Gotescalco, obispo de la ciudad francesa de Le Puy, acompañado por un grupo de nobles de Aquitania. Más tarde llegó un monje armenio llamado Simón quien, delante del altar del apóstol, pidió remedio para los males que afligían al mundo. Después le siguieron Guillermo V, conde de Poitou, Francisco de Asís y Cosme de Médicis. Así, hasta sumar millones de hombres y mujeres de todo el mundo.

Hoy en día todavía se mantiene la tradición de ir en peregrinación hasta Santiago de Compostela, aunque la forma de ir es muy distinta. Unos optan ir en coche, otros en autobús, otros en bicicleta y algunos a pie. El camino de Santiago sigue siendo recorrido cada año por miles de peregrinos que vienen de todas partes de Europa con el único objeto de rezar ante el sepulcro del apóstol.

(Basado en un artículo de Casares, C., aparecido en *Ronda Iberia*, julio de 1993.)

2   Read the advice given on page 24 of the Study Guide on how to get the meaning of individual words. Look up any words that you still don't understand and note any that you find useful in your *Diario*.

Busque en el diccionario las palabras que no comprende. Anote en su Diario las palabras o expresiones que considere útiles.

3   You are probably familiar with how Spanish differentiates between related words. For instance, by looking at certain endings you can deduce what the noun, adjective or verb is (e.g. *sorpresa, sorprendido, sorprender*). You are now going to practise 'creating' words that have the opposite meaning (antonyms).

The verb *hacer* and the adjective *delicado* appear in the passage on Santiago de Compostela. Can you think of words that mean the opposite?

¿Puede nombrar antónimos de las palabras 'hacer' y 'delicado'?

Atando cabos

Using prefixes to indicate negation

There are two main prefixes that indicate negation: 'in' and 'des'. They can precede nouns, adjectives and verbs. *In* has some variations depending on the letter that follows it:

> If the word that follows starts with the consonants 'l' or 'r', 'in' becomes 'i', as in *ilegal* and *irregular*. Note that the initial 'r' becomes 'rr' to keep its original sound.

> If the word that follows starts with 'b' or 'p', 'in' becomes 'im', as in *imborrable* and *imperfecto*.

'Des' remains the same regardless of the letter that follows it:

deshacer

desintegrar

desbaratar

4 Write down words with the opposite meaning to those in the left-hand column, using the prefixes mentioned above. The first has been done for you.

Escriba palabras opuestas a las de la siguiente lista por medio del uso de los prefijos mencionados arriba.

posible	imposible	probable	
montar		conocido	
gracia		reparable	
responsable		tranquilo	
capaz		bebible	
atento			

Actividad 2.8

1 Put the sentences opposite, which summarize the text about Santiago de Compostela, into the correct order by numbering the boxes from 1 to 6. The first has been done for you.

Escriba en las casillas el orden de las siguientes frases en la historia:

(a) Tiempo después, cuando Roma declaró la ciudad de Santiago como un lugar santo, empezaron a venir peregrinos de todo el mundo. ❑

(b) La historia dice que el primer peregrino extranjero fue un obispo francés. ❑

(c) Un ermitaño mientras rezaba descubrió la tumba del apóstol Santiago. ⬛

(d) Actualmente el lugar santo todavía lo visitan gentes que vienen de muchas partes de Europa. ❑

(e) El sepulcro ha sido visitado a lo largo de los siglos por ilustres personajes. ❑

(f) El rey de esa época, Alfonso II, mandó levantar un templo en su honor. ❑

2 The story about Santiago de Compostela cannot be historically verified; such events are reported in a way that expresses this sense of uncertainty. Read the following notes on how to do this:

Lea las siguientes notas sobre cómo expresar duda o incertidumbre:

Atando cabos

Expressing uncertainty about reported events

Look at the following sentences:

> **La leyenda cuenta que** Santiago de Compostela nació de un milagro.

> **Una leyenda apócrifa asegura que** el primer peregrino de la historia fue Carlomagno.

> **La historia dice que** el primer extranjero que hizo el camino fue Gotescalco.

> **Fuentes bien informadas aseguran que** el presidente abandonó ayer el país.

By using the expressions in bold, the speaker shows that he/she cannot be sure of the facts.

Note that the subject is personalized. This is a device which enables the speaker to attribute what is said to a separate source of information.

If the speaker does not want to attribute the facts to any particular source, the sentences can be made impersonal by using *se...* or by phrasing them in the third person plural:

> **Se cuenta que / cuentan que** Santiago nació de un milagro.
>
> **Se asegura que / aseguran que...**
>
> **Se dice que / dicen que...**

These expressions can also be used to refer to more familiar situations (e.g. when talking about other people's lives) when we are not completely sure where the information comes from, whether the facts have really taken place, or if we do not wish to reveal our sources of information:

> **Dicen que** la vecina del cuarto echó a su marido de casa la semana pasada.

If the speaker wants to attribute the facts to somebody, he/she can use expressions like *según...* and *de acuerdo con...*:

> Según la historia...
>
> De acuerdo con fuentes autorizadas...

3   Now, in about 100 words, tell the story behind the origin of the pilgrimage to Santiago de Compostela. Use some of the constructions mentioned in *Atando cabos*.

Narre con sus propias palabras el origen de la leyenda sobre la peregrinación a Santiago de Compostela.

4   You can hear a possible model on Extract 16.

Escuche el Extracto 16 para una posible respuesta.

HISPANOAMÉRICA

In some parts of Spanish America the word *dizque* is widely used to precede statements. It comes from *dicen que* and it is used to convey the idea that the speaker is not sure of the source, that he/she wants to exclude him/herself from what is being said or wants to show disbelief.

Ejemplos

Dizque va a llover mucho este fin de semana.

Dizque tienes que volver a hacer el proyecto.

No vino dizque porque tiene un resfriado.

Actividad 2.9

Now you are going to watch a video sequence in which two people tell us a legend.

1 Watch the video sequence 43.00 – 43:58. The legends refer to the foundation of which well-known cities?

Mire la secuencia de vídeo. ¿A qué civilizaciones se refieren las leyendas?

2 Watch the video sequence again and answer the following questions. Remember that you are dealing with a legend, not necessarily proven fact!

Mire de nuevo la secuencia de vídeo y conteste las siguientes preguntas:

(a) ¿Quién fue Manco Capac?

(b) ¿De dónde surgió?

(c) ¿Qué ciudad fundó Manco Capac?

(d) ¿De dónde venían los fundadores de Tenochtitlán?

(e) ¿Cuánto tiempo caminaron en busca del lugar señalado?

(f) ¿Cuál era la señal que buscaban?

3 Now write 100–150 words recounting a legend of your choice. Before doing so, read the following notes:

Cuente una leyenda que usted conozca, pero antes lea las siguientes notas:

Atando cabos

Narrating a legend

(a) Use expressions that imply that what you are reporting is not necessarily a fact.

(b) Use the preterite to locate specific moments in the past.

(c) Use the imperfect to:

refer to actions / events that took place over a period of time in the past;

set the scene;

describe people, places or objects in the past.

(d) Remember to use connectors to:

give an order to events (*primero, luego*);

express cause or purpose (*ya que, con el propósito de*);

avoid repetitions (*diez años más tarde, durante su niñez*);

link ideas or contrast them (*y, además, por el contrario*).

Most of these tips also apply to narrative in general.

4 When you finish your story, read it aloud. Record yourself if you can.

Cuando haya terminado su narración léala en voz alta y, si puede, grábese.

Pronunciación

Do the exercises in *Práctica 18* of the Pronunciation Practice Cassette and Booklet, which concentrate on the sound 'ñ'.

Sesión 3   En mangas de camisa

In this session you will listen to the fourth instalment of the Audio Drama, *En mangas de camisa.*

Actividad 2.10

1 Listen to the episode. What does the title *En mangas de camisa* suggest? Can you identify another expression in Spanish that means the same?

Escuche el episodio. ¿Qué cree que significa el título 'En mangas de camisa'?

2 Listen to the episode again. Below is a table of the main ideas *(ideas principales)* in each part of the episode, plus a summary of the secondary ideas *(ideas secundarias)*. Try to complete it without reading the transcript. The first part has been started for you. How can you tell where each new part starts?

Escuche de nuevo el episodio y complete el siguiente cuadro con la idea principal y las ideas secundarias de cada parte:

	Participantes	Idea principal	Ideas secundarias
Primera parte	Zacarías Isabel Rosita	La familia se prepara para ir a una boda.	1. Zacarías está listo y no quiere llegar tarde. 2. Rosita e Isabel también están listas. 3.
Segunda parte			
Tercera parte			
Cuarta parte			

3 What do the proverbs *'Al que madruga, Dios le ayuda'* and *'No por mucho madrugar amanece más temprano'* mean?

¿Qué significan los dos proverbios?

Actividad 2.11

You are now going to become familiar with the uses of the word *ya*.

1 Go to the Transcript Booklet and scan episode 4 of the Audio Drama. Underline the sentences that contain the word *ya*. Don't stop to read for meaning.

Vaya al Cuadernillo de transcripciones y subraye todas las frases que tienen la palabra 'ya'.

2 When you read the sentences you have underlined, you will see that there are different uses of this word.

Atando cabos

Uses of 'ya'

In *Actividad* 2.3 you came across *ya que*.... In this case, *ya* is part of a conjunction because it links two clauses.

(a) As an adverb it has different meanings:

'already': *Ya te lo dije.* ('I have already told you.')

'right away' or 'now': *Ya voy.* ('I am coming right away.');

Llámalo ya. ('Call him now.').

(b) With verbs like *ver* and *entender* it can convey the idea of confirmation of or agreement with what another speaker has said:

Ya veo. ('I can see what you mean.')

(c) With a verb in the future, it provides confirmation that the action will happen:

Ya llegará. ('He/she/it will arrive at some point.')

(d) In negative sentences it means 'not any more':

¿Es que ya no tenéis prisa? ('Aren't you in a hurry any more?')

In due course you will have the opportunity to practise the various uses of *ya*. For the moment, see if you can classify the sentences you have underlined in the Transcript Booklet under one of the categories below. You may want to write some notes in your *Diario*.

Clasifique las frases que subrayó en el Cuadernillo de transcripciones en una de estas categorías:

(a) 'already'   (d) 'it will happen at some point'

(b) 'right away' or 'now'   (e) 'not any more'

(c) agreement or confirmation

3 Listen to Extract 17 and react to the sentences given, as in the example.

Escuche el Extracto 17 y reaccione a las frases siguiendo el ejemplo.

Actividad 2.12

1 Listen to the part of the Audio Drama where Zacarías talks about his wedding day (from 'Margarita y yo...' to '... *tengo algunas fotos de recuerdo.*'). Does Zacarías tell Rosita and Isabel the main points or does he get too involved in the detail?

Escuche el Radiodrama.

2 Make a list of the expressions that Rosita and Isabel use to make Zacarías get on with the story. What does *¡Vaya al grano!* mean?

Haga una lista de las expresiones que usan Rosita e Isabel para hacer que Zacarías se concentre en lo esencial de la historia.

Atando cabos

Making somebody get to the point

Remember the expressions that Rosita and Isabel use. Depending on the context, you can use expressions like the following to the same effect:

> ¡Vaya al grano!
>
> ¡Sigue!
>
> ¡Anda, cuéntame / dime!
>
> ¡Venga, cuenta!
>
> ¡Por Dios!, ¡habla pronto!
>
> Pero, ¿de qué hablas?

You may want to note these expressions in your *Diario*.

3 Now tell Zacarías' story. The cartoon opposite will help you remember the main ideas. Prepare 80–90 words and then read them aloud or record yourself, if possible. Remember how the preterite and imperfect tenses are used when narrating an event that took place in the past. You may want to revise *Actividad 2.9*.

Prepare un resumen de la anécdota de Zacarías. Las viñetas de la página siguiente le ayudarán a recordar qué pasó. Si es posible grábese.

4   You can listen to a model summary on Extract 18.

Escuche un posible resumen en el Extracto 18.

¿Sabía Ud. que...?

En la lengua española hay muchas expresiones con la palabra *Dios*. La más común es *¡Adiós!* Aquí hay algunas más:

> **Como Dios manda** = debidamente. ('Hizo la comida como Dios manda.')

> **A la buena de Dios** = al azar, sin preparación. ('Contesté a la buena de Dios.')

Cuando Dios quiera = en un tiempo determinado. ('¿Cuándo lo acabarás? Cuando Dios quiera.')

Necesitar Dios y ayuda = es decir, para hacer algo muy díficil. ('Necesité Dios y ayuda para acabar el proyecto.')

¡Vaya por Dios! = exclamación de disgusto ante un percance o noticia desagradable o sentimiento de compasión por alguna desgracia que le sucede a otro. ('Me robaron la cartera.' '¡Vaya por Dios!')

¡Vaya con Dios! = expresión equivalente a *adiós* = que le acompañe Dios, que tenga un buen día.

(Fuente: Moliner, M., *Diccionario de uso del español,* 1986, Editorial Gredos SA

Actividad 2.13

1 You can now practise making somebody get to the point when talking to you. Listen to Extract 19 and take part in the dialogue. If you want, repeat the exercise until you feel comfortable and you feel that you sound more fluent.

Vaya al Extracto 19 y participe en el diálogo como se indica en el ejemplo.

2 You can listen to a model answer on Extract 20.

Escuche un modelo en el Extracto 20.

Pronunciación

Do the exercises in *Práctica 19* of the Pronunciation Practice Cassette and Booklet, which concentrate on the sound 'ch' in words like *chaqueta*, *chicos* and *charla*.

> ### Del dicho al hecho
>
> You have become familiar with different types of narrative: historical events, anecdotes and simple stories. Now you might like to get hold of some short stories in Spanish. Try to observe how the author achieves cohesion in the narrative and, if there is dialogue, how the conversation is paced.

Unidad 3
Fechas para recordar

In this *unidad* you will practise talking about special events in the past, in both a formal and informal style.

Learning Objectives

By the end of this *unidad* you should be able to:

- Talk about specific events in the past, using informal and formal language;

- Report what somebody says;

- Talk about special moments in your life;

- Write informal correspondence to express congratulations, sympathy and apology.

Key Learning Points

Sesión 1

- Using connectors to report past events.

- Using common irregular verbs in the preterite tense.

- Formulating questions with interrogative adverbs; practising their intonation pattern.

Sesión 2

- Using the preterite and imperfect tenses to report past events.

- Talking about personal experiences in the past.

- Understanding how language is used in formal and informal writing.

Sesión 3

- Forming the preterite tense in radical changing verbs ('e' to 'i').

- Developing writing skills (informal cards and letters).

- Pronouncing vowels in contact.

Study chart

Activity	Timing (minutes)	Learning point	Materials
		Sesión 1 El gran día	
3.1	20	Using connectors to denote contrast: sin embargo, aún así, así y todo, aunque, si bien es cierto, si bien	
3.2	35	Reporting past events	Video
3.3	15	Requesting information about past events: use of interrogative pronouns	Activities Cassette, Spanish Grammar, Transcript Booklet, Video
3.4	50	Communicating personal feelings and impressions in the past; using irregular verbs in the preterite tense (estar, ir, tener)	Activities Cassette, Spanish Grammar
	10	**Pronunciation**: intonation pattern for questions with interrogative adverbs	Pronunciation Practice Cassette and Booklet
		Sesión 2 Un día importante	
3.5	30	Reporting what somebody said	Activities Cassette
3.6	30	Talking about an important day in your life	Activities Cassette
3.7	30	Developing awareness of the differences between formal and informal written language	
		Sesión 3 Recuerdos	
3.8	35	Understanding the meaning of a poem	Activities Cassette, Transcript Booklet
3.9	40	Listening for general and specific information; forming irregular verbs in the preterite: poder, morir and radical changing verbs (e to i)	Spanish Grammar, Video
3.10	15	Reporting on another person's memorable day: relative clauses with cuando	Activities Cassette, Transcript Booklet
3.11	15	Writing short messages expressing congratulations and condolences	
3.12	20	Writing an informal letter expressing apology	
	10	**Pronunciation**: vowels in contact (assimilation and synalepha)	Pronunciation Practice Cassette and Booklet

Sesión 1   El gran día

You will practise using the preterite and imperfect tenses to report past events.

Actividad 3.1

You are going to find out about Quechua marriage customs as practised today.

1   Read the passage below to gain a general understanding. Underline new words and try to infer their meaning from the context. Then, in Spanish, name three practices typical of Quechua marriage customs today.

Lea el texto para tener una idea global. Trate de deducir del contexto el significado de las palabras que no conoce. Luego nombre tres aspectos típicos de las costumbres matrimoniales quechuas de hoy día.

Mezcla cultural

En pocas palabras, la cultura contemporánea quechua es el resultado de un sincretismo, de la unión de las ideologías de dos culturas muy diferentes, la quechua y la española…

Un irónico ejemplo de la coexistencia íntima de las costumbres quechua y católica son los ritos matrimoniales. **El objetivo final de este proceso es una boda católica registrada en el libro parroquial. Sin embargo, el pueblo quechua toma un camino claramente no católico para llegar allí.** Un matrimonio entre una joven pareja es arreglado por sus padres, pero siguiendo los deseos expresos de los dos jóvenes. Desde este momento, la pareja entra en un periodo llamado *sirvinakuy* – esta palabra significa en quechua 'para servir el uno al otro' – durante el cual cada uno ayuda a sus potenciales suegros en los quehaceres diarios, la joven ayuda a su suegra como prueba de su idoneidad y buena disposición para el matrimonio y el novio en las labores de su género. Durante este tiempo, los novios duermen juntos, bajo el techo de uno de los padres.

Los novios primero deben demostrar su capacidad reproductora. **No se casarán hasta que conciban un hijo. Aún así, el matrimonio puede retrasarse años.** Un matrimonio, que tiene que ser patrocinado y pagado por los padres y padrinos de la pareja, es un asunto complicado y caro, pero para que los hijos sean bautizados la pareja tiene que pasar por el ritual del matrimonio católico.

Aunque las costumbres de las culturas indígenas se han perdido en la mayoría de los sitios en donde una vez predominaron, es interesante que la cultura quechua haya logrado dejar unas huellas tan claras en las costumbres de hoy.

44

la idoneidad suitability

patrocinado sponsored

(*Mezcla cultural*, Insight Guides: Peru, APA Publications (HK) Ltd, Londres, 1996, adaptado y traducido.)

2 As you are aware, one good way of learning vocabulary is by grouping words around topics. This passage, although not very extensive, has several words that belong to the same themes: the Church and weddings, and family life. See how many you can put under each: you can also look in the dictionary for more.

It is always a good idea to classify words under the same grammatical category. This may mean changing the form of the word from how it appears in the text, e.g. *bautizado* could be noted as *bautizar* (verb) and/or as *bautizo* (noun). Make a note in your *Diario* of any words you consider useful.

Clasifique el nuevo vocabulario según las categorías descritas.

3 Go back to the passage and look at the sentences in bold. In each case there are two main ideas connected in some way. Fill in the table below with what you think the two ideas are and the word(s) that connect(s) them:

Lea las oraciones que están en negrita y complete la siguiente tabla:

Primera idea	Segunda idea	Conector

Atando cabos

Discourse connectors

The conjunctions in the sentences above are *sin embargo, aún así* and *aunque*. The first two suggest that what comes after them is in contrast to what has been expressed before. They are equivalent to *pero* ('but') and appear between the sentences they link:

Tiene mucho dinero. **Sin embargo** viste muy mal.

Le hemos dicho que tenga cuidado con el sol. **Aún así** se niega a usar crema contra el sol.

Another conjunction of this type is *así y todo*:

Sabe que es peligroso. **Así y todo** continúa haciéndolo.

Aunque (when used with the indicative) also expresses contrast, but it suggests that even though not all the requirements of the main sentence are met, the action does take place. *Aunque* can appear either at the beginning of the sentences or between the two ideas it links, but it must precede the main idea:

> **Aunque** las culturas han desaparecido, su influencia todavía está presente.

> Su influencia todavía está presente **aunque** las culturas han desaparecido.

Other conjunctions of this type are: *si bien* and *si bien es cierto que*:

> **Si bien** la pareja convive por largo tiempo, sólo puede casarse cuando conciben un hijo.

> **Si bien es cierto que** las culturas han desaparecido, su influencia todavía está presente.

4 Complete the sentences in the left-hand column with an option taken from the right-hand column. Then select one of the conjunctions described to link them.

Complete las oraciones de la columna izquierda con una de las opciones de la columna derecha y conéctelas con una de las conjunciones anteriores:

(a) La semana pasada fui al médico dos veces…

(i) llegamos tarde.

(b) Tuvimos tiempo de verlo todo…

(ii) odiaba cocinar.

(c) Siempre ayudaba a su madre en la cocina…

(iii) sigue fallando.

(d) Reparó su coche el mes pasado…

(iv) no me encuentro bien.

Actividad 3.2

You are going to watch a video sequence about a Peruvian wedding.

1 Look at the illustration of the bride and groom's costumes overleaf. Notice the different garments and accessories, which are typical of Peru and other countries in Spanish America. You should recognize their names when you hear them on the video. The words given in brackets are those understood by the whole Spanish-speaking community.

Mire el dibujo del atuendo matrimonial.

Atuendo típico de una boda campesina peruana

Novia:

la montera
(el sombrero),

la pollera
(la falda),

las ojotas
(sandalias).

Novio:

el poncho,

el pantaloncito
a media pierna,

las ojotas
(sandalias).

2   Watch the video sequence 43:58 – 47:43 and tick the following statements
to show whether they are true or false:

*Mire la secuencia de vídeo y responda si las siguientes afirmaciones son
verdaderas o falsas:*

	Verdadero	Falso
(a) Toda la ceremonia se llevó a cabo en lengua castellana.	❏	❏
(b) Sólo los novios llevaban traje de fiesta.	❏	❏
(c) El novio llevaba un pantalón largo y negro.	❏	❏
(d) El padrino de la boda entregó los anillos a los novios.	❏	❏
(e) El padre Ignacio bendijo los anillos.	❏	❏
(f) Los matrimoniantes caminaron quince kilómetros hasta llegar a su casa.	❏	❏

3   Watch the sequence again. This time concentrate on the religious ritual,
from 45:45 to 47:43. Look at the notepad opposite and write sentences
saying what the participants did at each stage. Check your answers in the
Clave.

*Mire de nuevo la secuencia de vídeo, concentrándose en el rito
matrimonial. Diga qué hizo cada participante en cada momento y
compruebe sus respuestas en la Clave.*

El rito matrimonial

(a) Rolando:

(b) Dionisia:

(c) El padre Ignacio a Rolando:

(d) El padre Ignacio a Dionisia:

(e) El padrino:

(f) El padre Ignacio:

(g) Los novios:

4   Now, in about 120-130 words, recount what happened in the parish of Calincunka, including an introductory and a concluding sentence. Before you do so, read *Atando cabos*. Do not look in the *Clave* yet.

Ahora cuente lo que ocurrió en Calincunka el día de la boda.

Atando cabos

Reporting past events

Remember to use connectors to put ideas together. Those that denote order or sequence will be very suitable here.

When you are reporting what has been said in a dialogue you can either put the statements in '   ' or, if you are reporting questions, you can use the imperfect tense, as here:

> El padre Ignacio le preguntó a Rolando: '¿Acepta a Dionisia como esposa?'

or

> El padre Ignacio le preguntó a Rolando si aceptaba a Dionisia como esposa.

In time, with practice, you will become proficient at using this type of construction.

5 Now compare your answer with the model suggested in the *Clave* and, if you think it necessary, make some amendments. Read your summary aloud a few times and, when you feel comfortable, recite it without looking at your notes. You may want to do this more than once. It doesn't matter if you recount it slightly differently each time. What is important is that you put your ideas together and that the language flows.

Compare su respuesta con la de la Clave y modifíquela si lo cree necesario.

¿Sabía usted que...?

Cuando el español llegó a América, tuvo que entrar en contacto con las lenguas nativas que en mayor o menor medida han tenido influencia en el español que se habla hoy día, no sólo en Hispanoamérica sino en la misma España. Algunas de las lenguas americanas que han tenido influencia en el español actual son el náhuatl, la lengua de los aztecas; la lengua maya o quiché, hablada en México, Guatemala y Belice; el guaraní del Paraguay; el aymará, de Bolivia y Perú; y el quechua, la lengua del imperio inca. El quechua es lengua oficial del Perú junto con el español y cuenta con más de siete millones de hablantes. Palabras como 'llama', 'puma', 'vicuña', 'cóndor', 'quinina', 'coca' y 'guano' vienen del quechua.

(Basado en Kalzner, K. (ed.), *The Languages of the World*, Routledge, 1995 (second edition).)

Actividad 3.3

1 In the video the interviewer asks Father Ignacio five questions. Complete them as you watch again. Check your answers in the Transcript Booklet.

Mire el vídeo una vez más y complete las preguntas que la entrevistadora / comentarista le hace al padre Ignacio:

(a) ¿ • • • • • • se casaron la semana pasada?

(b) ¿ • • • • • • vinieron vestidos los novios?

(c) ¿• • • • • • consistió el rito del matrimonio?

(d) ¿ • • • • • • pasó luego?

(e) ¿ • • • • • • terminó la ceremonia?

2 The interrogatives above elicit specific information from the other speaker, not just a yes/no answer. For more information on interrogatives go to your Spanish Grammar, pages 202 – 204.

Consulte su libro de gramática si quiere más información sobre interrogativos.

3 Listen to Extract 21 and ask questions following the example.

Escuche el Extracto 21 y haga preguntas siguiendo el ejemplo.

Actividad 3.4

You are going to listen to Luis and Carmen talking about her recent trip to South America.

1 Before listening to the Audio Cassette, study the following map and information:

Familiarícese con el mapa y los datos a continuación:

Parque Nacional Tayrona

Área:
12.000 hectáreas terrestres y 3.000 hectáreas de faja marina.

Ubicación:
litoral caribe, jurisdicción del municipio de Santa Marta, departamento del Magdalena, Colombia.

Temperatura promedio:
29 grados centígrados al nivel del mar y 22 en las zonas altas del parque.

Meses lluviosos:
de mayo a junio y de septiembre a noviembre.

2 Listen to Extract 22 and then answer the following questions:

Escuche el Extracto 22 y conteste las siguientes preguntas:

(a) ¿Adónde fue Carmen de vacaciones?

(b) ¿Cuánto tiempo estuvo allí?

(c) ¿Cómo llegó allí?

(d) ¿Cómo era el sitio?

(e) ¿Quiénes vivían allí antes?

(f) ¿Qué tal lo pasó?

3 Carmen had a very good time on holiday and was obviously very impressed with the place. Listen again and note some of the words she uses to share her impressions with Luis and to make him participate in her experience. Compare your notes with the information in *Atando cabos*.

Escuche el diálogo de nuevo, tome notas sobre las palabras que Carmen usa para compartir su experiencia con Luis.

Atando cabos

Communicating personal feelings and impressions

Speakers try to share their feelings and impressions by different means. Carmen does it by:

(a) trying to involve Luis in the situation with sentences like

... imagínate que...

and

... había aves de todas las clases que tú te puedas imaginar...

To these you can add others like:

Tú verás...

Mira...

Pues, ya verás...

(b) using superlative expressions to denote how impressed she was, for example:

una delicia   lindísimo

superbién   espectacular

Other expressions of this type are:

fenomenal   estupendo   fantástico

However, if you are not very impressed, these may be more suitable:

fatal   horrible

terrible   espantoso

4   Some of the verbs that appear in the conversation are irregular in the preterite tense, i.e. *estar, ir, tener*. To revise their conjugations, consult your Spanish Grammar, pages 269, 272 and 296–7 respectively.

Repase la conjugación del pretérito indefinido de los verbos 'estar', 'ir' y 'tener'.

5   Go to Extract 23 and either play Carmen's role in the conversation, as suggested on the tape, or answer the questions freely, perhaps drawing on your own travel experience. In either case make sure you can answer the following questions:

Vaya al Extracto 23 y haga el papel de Carmen o conteste de acuerdo a su propia experiencia.

- What was the destination?

- How long did the journey last?

- What was the accommodation like?

- What were the people like?

- What was the place itself like?

- How might the general experience be rated?

Pronunciación

Do the exercises in *Práctica 20* of the Pronunciation Practice Cassette and Booklet, which concentrate on the intonation pattern of questions with *¿Cuándo?, ¿Qué?, ¿Quién?, ¿Cómo?* and so on.

Sesión 2   Un día importante

In this session you are going to listen to people talking about important days in their lives. Some are sad, some are happy, but all are of personal significance.

Actividad 3.5

You are going to listen to Felipe talking about a very important day in his life.

1   Listen to Extract 24, if necessary more than once, and answer the following questions in English:

Escuche a Felipe y luego conteste las siguientes preguntas en inglés:

(a) What moments does Felipe say were **not** the happiest of his life?

(b) What job did he have until days before the interview?

(c) What was his happiest moment?

2 Listen again and tick the correct option:

Escuche de nuevo el extracto y escoja la opción correcta:

Felipe was happy to leave because:

(a) he had forgotten to do something and had to explain why. ❑

(b) he had a debt and he couldn't explain why. ❑

(c) he thought the museum was neglected and he was happy to say so. ❑

3 Now tell Felipe's story in about 50 words. You should report what he said but not quote him literally. Remember that you are relating the story so you need to make the necessary grammatical changes, as in the example.

Ahora diga con sus propias palabras lo que nos contó Felipe.

Ejemplo

Felipe says:
'El momento más importante de mi vida no fue ni cuando me caso…'

You would say:
El momento más importante de su vida no fue ni cuando se casó…

You can start with:

Puede empezar su párrafo así:

Felipe era director del Museo Arqueológico…

Actividad 3.6

Fernando's memorable day was of a completely different sort.

1 Listen to Extract 25 and complete the following sentence:

Escuche el Extracto 25 y complete la siguiente frase:

platicar (Mex)
conversar (Sp)

Desde el punto de vista personal un día importante para Fernando fue ⋯⋯ y desde el punto de vista profesional ⋯⋯.

2 How would you describe Fernando's feelings when he interviewed Pele?

¿Cómo se sentía cuando entrevistó a Pelé?

Perhaps with words like:

Se sentía…

… emocionadísimo / muy emocionado.

… contentísimo / muy contento.

… encantadísimo / muy encantado.

… entusiasmadísimo / muy entusiasmado.

3   Now it is your turn to talk about an important day in your life. Prepare it in about 50 words and then, if possible, record yourself without using any written notes.

Ahora le toca hablar de un día importante en su vida. Prepare un párrafo de unas 50 palabras y grábese si es posible.

4   You can listen to a possible model on Extract 26.

Escuche el Extracto 26.

Actividad 3.7   Now you are going to see how some trivial events are reported in the press.

1   Read the following short articles:

Lea los siguientes artículos:

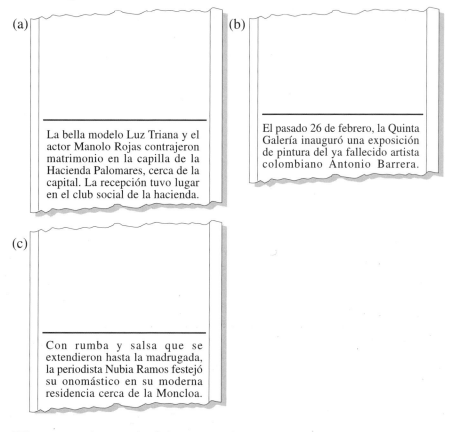

(a)

La bella modelo Luz Triana y el actor Manolo Rojas contrajeron matrimonio en la capilla de la Hacienda Palomares, cerca de la capital. La recepción tuvo lugar en el club social de la hacienda.

(b)

El pasado 26 de febrero, la Quinta Galería inauguró una exposición de pintura del ya fallecido artista colombiano Antonio Barrera.

(c)

Con rumba y salsa que se extendieron hasta la madrugada, la periodista Nubia Ramos festejó su onomástico en su moderna residencia cerca de la Moncloa.

2   What events does each of them report?

¿Qué hechos reporta cada uno de ellos?

3   Write a headline for each of them in the space provided. Remember that this sort of headline is normally short and does not have to be a full sentence.

Escriba un título para cada uno de los artículos.

4 Although the events reported are very trivial, the language is sometimes quite formal and different from that used in everyday speech. The following are words or expressions used in informal language. Find their formal equivalents in the articles.

Busque en los artículos las palabras o expresiones equivalentes a las siguientes:

Informal	Formal
celebró	
se casaron	
cumpleaños	
muerto	
casa	

You could write this list in your *Diario* and open a page on 'formal vs. informal language'.

5 Now choose a similar event and write a short article of your own using one of the articles as a model.

Escriba un artículo sobre un hecho similar siguiendo uno de los anteriores como modelo.

> **Del dicho al hecho**
>
> To develop your awareness of journalistic language, try to get hold of different newspapers in Spanish reporting the same story and see how their approaches differ. Alternatively, look at the reporting of special social events in a Spanish magazine. You could make a list of the formal and informal expressions used to report the stories.

Sesión 3 Recuerdos

In this session you will practise the preterite tense to express memories.

Actividad 3.8

You are going to listen to a poem by the Peruvian writer César Vallejo. Reading poetry can be an enjoyable experience but it is not always easy, especially in a foreign language. This shouldn't put you off – the more you try, the better you will become.

1 The title of the poem is *A mi hermano Miguel* and the dedication reads '*In memoriam*'. What does this suggest the poem is about?

¿De qué trata el poema?

el poyo
stone bench, ledge

hacerle falta a alguien
to miss someone, to be missed

oraciones vespertinas
late afternoons

el zaguán
hallway

al alborear
at dawn

dar con alguien
to find someone

hacerse llorar
to make each other cry

2 Listen to the poem on Extract 27 and simply enjoy it.

Escuche el poema en el Extracto 27 y disfrútelo.

3 Listen to the poem again and read it on pages 31-32 of the Transcript Booklet. Then answer the following questions in English:

Escuche el poema de nuevo, léalo en su Cuadernillo de transcripciones y conteste las siguientes preguntas en inglés:

(a) What is the poet remembering? (Line 3.)

(b) What did they use to do? (Lines 5 to 9.)

(c) What used to happen? (Lines 10 and 11.)

(d) What happened one night in August? (Lines 12 to 14.)

(e) What do you think '*gemelo corazón*' means? (Line 15.)

(f) What does '*ya cae sombra en el alma*' mean? (Lines 16 and 17.)

(g) What does the poet ask of his brother? (Lines 18 and 19.)

4 The following paragraph summarizes the poem. Complete it by filling in each blank with one of the following verbs. Some of them will need to be used more than once. Remember that some verbs will be in the imperfect tense, some in the preterite and some in the present, depending on the context.

Complete cada espacio del siguiente párrafo con uno de los verbos siguientes. Algunos se usan más de una vez.

> recordar, estar, ser, reír, hacerse, esconderse, jugar

El autor ...... que cuando ...... niño, él y su hermano ......al escondite por toda la casa hasta que ...... llorar. Una tarde de agosto Miguel ......pero esta vez no ...... sino que ......triste. Su hermano gemelo hoy ...... triste también porque está cansado de esperarlo y le dice: 'Oye, hermano, no tardes en salir: Bueno? Puede inquietarse mamá.'

5 Now listen to the poem once more without the transcript. Do you feel you understand it better this time? You may want to write down your impressions in your *Diario*.

Escuche el poema una vez más sin leer la transcripción.

Actividad 3.9

In this *actividad* you are going to watch people talking about memorable days: '*Un día memorable en la vida de…*'.

1 Watch the video sequence from 47:43 to 49:05 and write down overleaf, in Spanish, which memorable day or days each person is referring to:

Mire la secuencia de vídeo y diga a qué día(s) se refiere cada persona:

los citadinos (SpAm)
Citizens of a large city,
often a capital

¡Híjole! (Mex)
Well!

(a)   (d)

(b)   (e)

(c)   (f)

2 Watch the sequence again and answer the following questions:

Mire de nuevo la secuencia de vídeo y conteste las siguientes preguntas:

(a) ¿Cuándo fue el terremoto de Ciudad de México?

(b) ¿Cuántos hijos tiene la primera persona entrevistada?

(c) ¿A cuál hijo se refiere el tercer entrevistado?

(d) ¿Cuántos hijos tiene la cuarta entrevistada?

(e) ¿En qué año se casó la quinta entrevistada?

(f) ¿Con quiénes celebró Beatriz su victoria?

Atando cabos

Radical changing verbs in the preterite tense

When we asked Beatriz about a memorable day, she replied:

> Fue el día que pude consagrarme como campeona absoluta…

Pude comes from the verb *poder* which is one of two verbs with roughly the same pattern of irregularity, i.e. the change of the 'o' in the infinitive to 'u' in some or all of the persons in the preterite tense. The other verb is *morir*. As you would expect, the verb *morir* is mostly conjugated in the third person singular and plural, but the other forms do exist and are used in a figurative sense, e.g.:

> Estamos que nos morimos de hambre.

3 Here is the full conjugation for *morir*. Complete the table with the conjugation for *poder*. If you don't know it, go to page 281 of the Spanish Grammar.

Complete la conjugación del verbo 'poder' en la siguiente tabla:

Morir		Poder	
morí	morimos	pude	
moriste	moristeis		
murió	murieron		

Atando cabos

More radical changes in the preterite tense

A more common irregularity in the preterite tense is the radical change from 'e' to 'i' in the third person singular and plural, e.g.: *repetir* ➔ *repitió / repitieron*. Some other verbs in this category are:

competir	medir	seguir	sentir(se)
elegir	pedir	servir	vestir(se)

You may want to make a note of them in your *Diario* with their corresponding forms in the third person.

4   Complete the following sentences with the correct form of one of the following verbs:

Complete las siguientes frases con uno de los siguientes verbos:

> pedir, vestirse, competir, sentir, morir, poder

(a) En la carrera...... muchos ciclistas.

(b) En el accidente ...... un joven de 17 años de edad.

(c) Se levantaron y ...... en cinco minutos.

(d) Buscamos al niño entre la multitud y no...... encontrarlo.

(e) No puedo decirte lo que ...... cuando le dieron la noticia.

(f) Los ingenieros del Ayuntamiento ...... un aumento de sueldo la semana pasada.

Actividad 3.10

So far we have been asking people about important days in their lives. You are now going to practise reporting on another person's memorable day.

1   Think back to the video sequence. Which were the most memorable days for the first interviewee? If you don't remember, check page 10 of your Transcript Booklet and read the following question and answer:

Lea la siguiente pregunta y su respuesta:

¿Cuáles fueron los días memorables para la primera entrevistada?

Los días más memorables fueron cuando ocurrió el terremoto en Ciudad de México y cuando nacieron sus hijos.

Now answer the following question, also based on the video sequence:

Conteste la siguiente pregunta con base en la secuencia de vídeo:

¿Cuál fue un día memorable para Beatriz?

Atando cabos

Reporting events in the past using the relative 'cuando'

To report events in the past you can often use the relative *cuando*, e.g.:

Un día memorable para Beatriz fue cuando...

Un día memorable fue + cuando + *sentence in the past (relative clause)*.

2   Say which days might have been memorable for the following people according to the information provided. Prepare your answers and then say them aloud, without reading your notes.

Diga cuál fue un día memorable para las siguientes personas según la información que se da. Prepare las respuestas y luego dígalas en voz alta sin mirar sus notas.

Ejemplo

Luisa – birth of her first grandson.

Un día memorable para Luisa fue cuando nació su primer nieto.

(a) Miguel Induráin – first won the Tour de France in 1991.

(b) Yuri Gagarin – first space flight in 1961.

(c) Gabriel García Márquez – winner of the Nobel Prize for Literature in 1982.

(d) El pueblo español – 15 July 1977, first democratic elections since before the Civil War.

3   You can listen to a model answer on Extract 28.

Escuche el Extracto 28.

Actividad 3.11   We cannot always be present when something memorable (either good or bad) happens to our family or friends. We can, however, share our feelings by talking on the phone or by writing a card or letter.

1   Look at the examples opposite of cards for different situations:

Mire estos ejemplares de tarjetas apropiadas a diferentes situaciones:

Salamanca,
14 de mayo de 1998
Queridos María y Alejandro:
¡Qué alegría recibir vuestras buenas noticias!
Un abrazo
Elena

...quiero compartirla
con Uds. por tan
hermosa Niña.
Congratulaciones!

y por eso no podría
dejar pasar este día,
sin enviarte un
cálido y afectuoso
saludo de cumpleaños.
Muchas Felicidades!
Toledo,
14 de Diciembre de 1999
Querido Pedro:
¡Feliz cumpleaños! Que
lo pases muy contento.
Muchos besos
Rosita

Caracas,
18 de julio de 1999
Queridos Marta y Luis:
Nuestro más sincero pésame por tan
dolorosa pérdida.
Estamos con Uds. en tan difíciles
momentos.
Sus amigos que no los olvidan
Lola y Antonio

Feliz cumpleaños
Feliz cumpleaños
Feliz cumpleaños
Segovia, 14 de diciembre de 1999
Querido Pedro:
Te deseo todo tipo de felicidad en
el día de tu cumpleaños.
Un abrazo
Teresa

tu
Cumpleaños
es un día especial
para pedir a Dios
POR tí
muy feliz
te dé
siempre
Madrid, 14 de diciembre de 1999
Querido Pedro:
Muchas felicidades en tu
cumpleaños!
Un abrazo muy fuerte
Mercedes

Santander, 17 de julio de 1999
Queridos Marta y Luis:
Sentimos mucho la noticia del
reciente fallecimiento de vuestro
padre y deseamos expresaros nuestras
más sinceras condolencias por tan
triste pérdida.
Estamos con vosotros en tan
difíciles momentos.
Vuestros amigos que
no os olvidan
Marta y Ricardo

173

Atando cabos

Expressing congratulations and condolences

Congratulations	Condolences
(Muchas) felicidades	Siento muchísimo la noticia de…
Enhorabuena	Nuestro más sentido pésame por…
Recibe mis (sinceras) felicitaciones	Deseamos expresarte nuestros sentimientos de pesar…
Te felicito de todo corazón	
Feliz cumpleaños/Navidad/aniversario	Recibe nuestras sinceras condolencias…

2   You have just received the card below from friends with some good news. Write a card congratulating them. The following is a check list of the elements you will need for the card; you may want to make a note of them in your *Diario* for future reference:

- A short greeting

- Acknowledgement of the event

- A formula of congratulation

- A good-bye phrase

Unos amigos le han enviado esta tarjeta. Escríbales una tarjeta felicitándolos.

Dios nos ha prodigado una nueva vida que llena de gozo nuestro hogar.

Gracias Señor, recibimos su bendición.

Queremos participarles esta felicidad.

Rosendo, María Teresa, Juan Diego y Lina María

Laura Lucía Rodríguez Cortés

Bucaramanga, Febrero 2 de 1998

Actividad 3.12

You have received this invitation from a friend:

> *Marco Fidel Prada M.*
>
> *Espero contar con su compañía para celebrar mis*
>
> *75 años*
>
> *El sábado 6 de marzo a las 7 p.m.*
>
> *Calle 8 bis no. 78–95*
>
> *Santafé de Bogotá DC, marzo de 1999*

Send him a letter apologizing for not being able to attend. Before you do so read the following *Atando cabos*:

Respóndale a su amigo Marco Fidel. Antes de hacerlo, lea las siguientes notas:

Atando cabos

Writing informal letters of apology

You are familiar with the formulae to start informal letters. The following expressions are appropriate to express an apology:

> **perdón / perdone / perdona: Perdona** que no puedo asistir a la fiesta…
>
> **discúlpame / discúlpeme por…: Discúlpame por** no poder asistir a la reunión…
>
> **me encantaría… pero…: Me encantaría** poder ir a tu fiesta de cumpleaños, **pero** desafortunadamente…
>
> **siento muchísimo…: Siento muchísimo** no poder acompañarte el día de tu cumpleaños, **pero**…

The check-list for writing your letter is similar to that for writing a card, but you can elaborate on each point:

- Greeting
- Acknowledging receipt of the invitation
- Apology
- Involving the other person
- Saying good-bye

Pronunciación

Do the exercises in *Práctica 21* of the Pronunciation Practice Cassette and Booklet, which concentrate on vowel sounds in contact.

Unidad 4
Repaso

In this *unidad* you will consolidate the key learning points covered in the second part of this book.

Revision Objectives

By the end of this *unidad* you will have revised how to:

- Talk about the past, using informal and formal narrative styles;

- Make descriptions using the past tenses;

- Report past events;

- Talk about personal experiences in the past.

Key Revision Points

Sesión 1

- Using the historic present and the preterite to refer to past events.

- Retrieving information to narrate in the past tenses.

- Using the imperfect to describe the past.

Sesión 2

- Using connectors in narrative.

- Using the past tenses to report special events.

- Using conversational elements when talking about personal experiences in the past.

Study chart

Activity	Timing (minutes)	Learning point	Materials
		Sesión 1 *Qué pasó y cómo fueron las cosas*	
4.1	20	Using the historic present and the preterite when referring to past events	Activities Cassette
4.2	30	Narrating events in the past tenses	
4.3	40	Describing people in the past tenses	Activities Cassette
4.4	50	Writing about past events	
		Sesión 2 *Días especiales y días corrientes*	
4.5	30	*Gramatikón*: using connectors	Activities Cassette
4.6	20	Reporting on another person's memorable moments	Activities Cassette
4.7	30	Describing an ordinary day	Activities Cassette
4.8	30	Reminiscing	
4.9	20	Expressing congratulations over the phone	Activities Cassette

Sesión I   Qué pasó y cómo fueron las cosas

In this session you will consolidate how to describe people, things and events in the past. You will be advised at appropriate points to return to particular *actividades* to revise the main structures and items.

Actividad 4.1

In *Actividades 1.8* and *1.9* you heard Patricia Galeana talk about two important characters in the history of Mexico, *el padre* Miguel Hidalgo and *el presidente* Porfirio Díaz. You will now hear the two extracts on your Activities Cassette. (Alternatively, watch the video again.)

1   Go to Extract 29 and listen to Patricia Galeana's descriptions of Miguel Hidalgo and Porfirio Díaz. Which tenses does she use to refer to each of them, and why?

Escuche el Extracto 29, ponga atención a los tiempos que utiliza Patricia para referirse a los dos personajes y diga por qué lo hace.

2   Complete the table below with Miguel Hidalgo and Porfirio Díaz's main contributions (positive or negative) to Mexican history. Use tenses that refer to the past. Try to use your own words without looking back at the Transcript Booklet.

Complete la siguiente tabla con las contribuciones de Miguel Hidalgo y Porfirio Díaz. Utilice tiempos que se refieran al pasado.

Miguel Hidalgo	Porfirio Díaz

Actividad 4.2

You are going to read about the wedding of the Spanish infanta, Elena de Borbón, a few years ago.

1   Read the article opposite about the events that took place in Seville on 19 March 1995. Do you know what the word *arras* means? You may want to note it in your *Diario* under your earlier section on weddings.

Lea con atención el resumen de la boda para que se familiarice con lo que pasó ese día.

Boda de la infanta Elena de Borbón con el aristócrata Jaime de Marichalar.
¡Primera boda real desde la restauración de la monarquía!

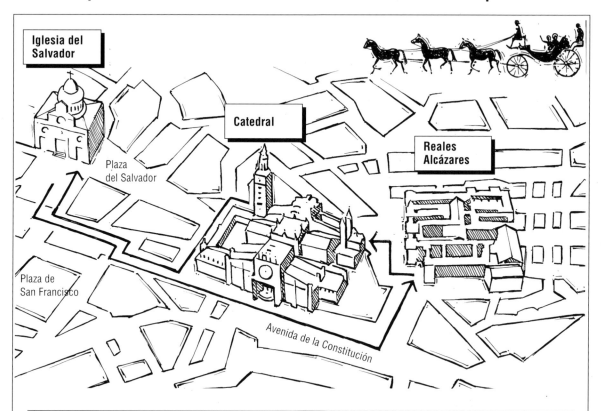

MINUTO A MINUTO

LLEGADA

12:10
Llegada de Jaime de Marichalar acompañado de su madre y seguidos del arzobispo de Sevilla, monseñor Carlos Amigó.

12:28
Salida de la infanta Elena y su padre de los Reales Alcázares.

12:35
Doña Elena, sus pajes y los seises se ubican a la entrada de la catedral. Uno de los seises lleva las arras y otro los anillos.

LA CEREMONIA

12:40
Iniciación de la ceremonia.

13:00
Los novios pronuncian el 'sí quiero'.

13:30
Lectura de la bendición enviada a los novios por el Papa Juan Pablo II, por monseñor Carlos Amigó.

14:00
Finalización de la ceremonia.

PASEO POR LA CIUDAD

14:10
Salida de los novios en un coche de caballos rumbo a la iglesia del Salvador.

14:20
Los recibe el alcalde de Sevilla, Alejandro Rojas Marcos, con una copa de champán.

14:50
Llegada de los nuevos esposos a los Reales Alcázares a celebrar el banquete de la boda.

(Adaptado de *El País*, 20 de marzo de 1995.)

2   Write about 200 words narrating what happened on the day of the infanta's wedding. Go back to *Actividades 1.11, 1.12* and *2.3* (and/or the *Resumen gramatical* on page 191 to revise the use of connectors to make the narrative more cohesive.

Escriba un artículo de unas 200 palabras, narrando la boda de la infanta. Repase el uso de conectores para que su artículo esté mejor organizado.

Actividad 4.3

So far you have revised how to refer to people and narrate events in the past. You are now going to consolidate your knowledge of how to refer to routine actions in the past. In the following passage Antoni Pitxot, a painter friend of Salvador Dalí, gives an insight into the life of Dalí and his wife Gala in their house at Portlligat, near Cadaqués in Gerona, one of the provinces of Catalonia.

1   Read the text for general meaning. Re-read it as many times as you wish.

Haga una lectura global del texto. Léalo tantas veces como lo considere necesario.

Las dos auténticas personalidades de Dalí

atusarse
to smooth, run one's fingers through

el curioso
onlooker

El pintor Antoni Pitxot, amigo de Dalí y actual director artístico del Museo Dalí, recuerda muy bien la vida cotidiana en la casa: 'Se levantaban muy temprano, él comenzaba a pintar y ella paseaba o se iba en barca, o leía mucho. Al mediodía comían frugalmente; jamás les vi cometer un exceso: ni fumaban, ni bebían, ni se drogaban'. También recuerda que cuando caía el sol, hacia las siete, el maestro se metamorfoseaba: se atusaba el bigote, se ponía una túnica por encima y se disponía a recibir a sus amigos. Todos eran bienvenidos, curiosos, autoridades, periodistas, y siempre un nutrido grupo de *hippies* que durante muchos años convirtieron la casa de Portlligat en un santuario de peregrinación. Dalí les lanzaba encendidos discursos, mientras Gala observaba callada la función diaria. Finalmente, un camarero servía champán rosado a todos. Sin embargo, Dalí tan sólo se mojaba un dedo para brindar.

(Basado en un artículo de Capella, J., aparecido en *El País Semanal*, 19 de octubre de 1997, No. 1.099.)

2   Read the passage again and make some notes, in Spanish, about the things Dalí and his wife used to do. Write the verbs in the infinitive.

Lea de nuevo el texto y tome notas de las cosas que hacían Dalí y su esposa. Escríbalas en infinitivo.

Ejemplo

levantarse temprano

3   Without looking at the passage, write a paragraph of about 100 words describing what Dalí and Gala used to do. Remember that the main tense used for this purpose is the imperfect. Refer to *Actividad 2.2* or the *Resumen gramatical* on page 188 to revise the uses of the imperfect. Describe what used to happen in reported speech, since you don't know for sure that what is said was true. *Actividad 2.8* will help you revise how to do this.

Sin mirar el texto escriba un párrafo de unas 100 palabras. Suponga que usted no está seguro de si lo que cuenta Antoni Pitxot es verdad y exprésalo de esa manera.

4 Now it is your turn to remember what you used to do in the past. Write a paragraph of 100 to 120 words, describing what you used to do on Sundays when you were an adolescent. Then recount it to somebody else, using some of the conversational elements summarized in the *Resumen gramatical (3.4)*, page 193.

Escriba un párrafo contando lo que hacía los domingos cuando era adolescente y luego cuénteselo a otra persona.

5 You can listen to a possible answer on Extract 30.

Escuche un modelo en el Extracto 30.

Actividad 4.4

You are now going to read an article about the well-known Chilean singer, Víctor Jara.

1 Read the article below and make notes about the main events in his life, as in the example.

Lea el texto acerca del conocido cantante chileno, Víctor Jara. Tome notas de las principales etapas de su vida.

Ejemplo

Fecha de nacimiento: 28 de septiembre de 1932.

2 Now use your notes to write a 200-word summary of Víctor Jara's life. You may want to revise *Actividades 1.11* and *1.12*.

Ahora narre con sus propias palabras la vida de Víctor Jara.

Víctor Jara, una voz que perdura en la memoria

Víctor Jara nació en Lonquén, Chile, el 28 de septiembre de 1932, de padres campesinos. Su infancia transcurrió en su pueblo natal y su juventud en Nogales, Santiago. A los 21 años, formó el coro de la Universidad de Chile e inició su trabajo de recopilación e investigación folclórica. Tres años más tarde empezó sus actividades de teatro y canto hasta que en 1961 compuso su primera creación musical, *Paloma, quiero contarte*. Un año después grabó su primer LP, llamado *Folklore chileno*. De 1963 a 1968 desempeñó el cargo de director de la Academia de Folklore de la Casa de la Cultura. Al año siguiente ganó el primer premio en el primer Festival de la Nueva Canción Chilena. En 1970 dejó sus responsabilidades en el Instituto de Teatro de la Universidad de Chile para dedicarse a recitales por todo el país en apoyo a la campaña electoral del partido de la Unidad Popular. En 1973 tomó parte activa en la campaña electoral parlamentaria y participó y dirigió como cantante un ciclo de programas de televisión en contra de la guerra civil y el fascismo. El 11 de septiembre iba a cantar en la inauguración de una exposición cuando militares apoyados por los Estados Unidos rodearon la Universidad Técnica donde iba a tener lugar el certamen, con la asistencia del presidente chileno, Salvador Allende. Víctor fue arrestado, al igual que muchos profesores y estudiantes, y después de ser torturado murió acribillado el 16 de septiembre. El pueblo chileno lloró su muerte pero todavía recuerda su voz de justicia y libertad.

Sesión 2   Días especiales y días corrientes

In this session you will revise how to talk about specific days in the past. First, revise the use of connecting expressions in narrative.

Actividad 4.5

1   Unfortunately the *Gramatikón* virus has struck again and scrambled the connectors underlined in the text below. Put them back in their correct positions.

El Gramatikón acaba de aparecer de nuevo y ha cambiado el puesto de los conectores subrayados en el siguiente texto. Póngalos en el orden apropiado.

Aquella noche fuimos al cine, <u>A la mañana siguiente</u> tomamos una copa <u>y</u> regresamos a casa a eso de las tres de la madrugada. Al llegar vimos que nuestra casa estaba ardiendo. <u>después</u> que hicimos fue llamar a los bomberos. Una vecina se nos acercó y nos dijo que <u>A los pocos minutos</u> había visto a un hombre de aspecto sospechoso rondando la casa. <u>Lo primero</u> llegaron los bomberos y tardaron un par de horas en apagar el fuego. <u>pero</u> la vecina fue con nosotros a la estación de policía. <u>unas horas antes</u> estuvimos mucho rato tratando de identificar entre muchas fotos al sospechoso <u>Allí</u> mi vecina no pudo reconocerlo. <u>aunque</u> mis padres vinieron a buscarnos. Fuimos a su casa y <u>Esa tarde</u> estábamos muy cansados, pues tuvimos que empezar a planificar cómo reconstruir lo poco que nos quedaba. ¡Qué pesadilla!

2   You can check your answers by listening to Extract 31.

Escuche el Extracto 31 para comprobar sus respuestas.

Actividad 4.6

You are going to hear Sandra talking about the most important moment in her life.

1   Listen to Extract 32 as many times as you wish and then answer the following questions:

Escuche el Extracto 32 tantas veces como sea necesario y conteste las siguientes preguntas:

(a) ¿Cuál fue el día más importante en la vida de Sandra?

(b) ¿Qué pasó cuando abrió los ojos?

(c) ¿Por qué dice Sandra: '... lo siento por los padres...'?

2   Describe Sandra's special day in 50–60 words. Report what she says but do not quote her literally. You may want to refer to *Actividades 3.5* and *3.6* to revise how to do this.

Diga en sus propias palabras cuál fue el día especial de Sandra. Reporte lo que dice pero no literalmente.

Actividad 4.7

After hearing about a very special occasion, you will find out what happened on a more ordinary day.

1 Look at the cartoon and describe what happened at Mr and Mrs Ríos' house. You will need to use both the imperfect and the preterite tenses. Write 90–100 words. If necessary, refer back to previous *unidades* or read the *Resumen gramatical* on pages 186-189 to revise the use of both tenses.

Mire la siguiente historieta y cuente qué pasó esa noche en casa de los Ríos. Asegúrese de utilizar el imperfecto y el pretérito indefinido según sea necesario.

(Una viñeta de Quino aparecida en *El País Semanal,* 19 de enero de 1997, No. 1.060.)

2 Read your account several times. When you feel comfortable, say it aloud without looking at your notes. Record yourself if possible.

Lea su historia varias veces y cuando se sienta cómodo(a), dígala sin mirar sus notas. Si es posible grábese.

3 You can listen to a possible model on Extract 33.

Escuche un posible modelo en el Extracto 33.

Actividad 4.8

You are going to read an excerpt from the Spanish novel *Corazón tan blanco* by Javier Marías.

1 Read the passage for general meaning. What is the author doing?

Lea el texto para obtener la idea general. ¿Qué está haciendo el autor?

Corazón tan blanco

No sé cuándo le hicieron la foto a Teresa y seguramente nadie lo supo nunca a ciencia cierta: es de muy pequeño tamaño, está en un marco de madera sobre un estante, y desde que ella murió nadie la habrá mirado más que de tarde en tarde.

Desde que murió mi madre también está allí su foto, en casa de Ranz, más grande, y además está colgado un retrato no póstumo que le hizo Custardoy el viejo cuando yo era niño.

Mi madre, Juana, es más alegre, aunque las dos hermanas se parecen algo, el cuello y el corte de cara y la barbilla son idénticos. Mi madre sonríe en su foto y sonríe en el cuadro, en ambos es ya mayor que su hermana mayor en su foto pequeña... Mi madre sonríe casi como reía: reía fácilmente, como mi abuela.

128

(Marías, J., *Corazón tan blanco*, Anagrama, Narrativas hispánicas 125, Barcelona, 1994 (decimocuarta edición), pp. 128-129.)

---

2 Read the passage again and say whether the statements opposite are true or false:

Lea de nuevo el texto y diga si las siguientes frases son verdaderas o falsas:

	Verdadero	Falso
(a) El autor se refiere a tres fotos.	❑	❑
(b) Teresa está viva pero Juana está muerta.	❑	❑
(c) La foto de Teresa está sobre un estante.	❑	❑
(d) El retrato de Juana está sobre una mesa.	❑	❑
(e) No se sabe quién tomó el retrato.	❑	❑
(f) Teresa y Juana son hermanas.	❑	❑
(g) La mayor de las dos hermanas es Teresa.	❑	❑
(h) Juana sonreía como su madre.	❑	❑

3 The author is reminiscing while looking at the photographs. What is the Spanish word for 'memories' in this context? Read the text again. Which tenses does the author use and why?

Lea el texto de nuevo. ¿Cuáles son los tiempos verbales que utiliza el autor y por qué?

Actividad 4.9

In this *actividad* you ring a friend to wish him or her a happy birthday. However, your friend is not in and you have to leave a message on the answering machine.

1 Prepare your message using the following information:

Ponga en su mensaje la siguiente información:

(a) Say who you are.

(b) Wish your friend happy birthday.

(c) Tell him/her a short anecdote that happened to you very recently. For instance: a mutual acquaintance rang you unexpectedly and asked for your friend's phone number; but, knowing that your friend didn't like this person, you gave him/her a false number.

(d) Say you will ring the following day after your Spanish class.

Try to introduce some conversational elements. You may want to re-read *Actividad 3.4* or consult the *Resumen gramatical* on page 193 to revise some of these types of expressions.

2 Now record yourself.

Ahora grábese.

3 You can listen to a possible model answer on Extract 34.

Escuche una posible respuesta en el Extracto 34.

Resumen gramatical

Use of the historic present (Actividades 1.1 – 1.6)

The present tense can be used for completed past actions as an alternative to the preterite tense to make narrative in the past sound more immediate:

La Guerra Civil española empieza el 18 de julio de 1936.

Uses of the preterite (Actividad 1.6)

1   To indicate an event which is past and complete:

Miguel Ángel Asturias, el escritor guatemalteco, ganó el Premio Nóbel de literatura en 1967.

2   To narrate actions that occurred in the past:

El ya difunto poeta mexicano Octavio Paz vivió 84 años.

3   For events that lasted for a specific period of time and then ended:

La ceremonia duró una hora.

Expressions of time that often accompany the preterite include:

anteayer / ayer / anoche

hace dos días / semanas / meses / años

la semana pasada

el mes / el año / el verano / el fin de semana pasado

el otro día

Regular forms of the preterite (Actividad 1.6)

	Ganar	Aprender	Salir
yo	gané	aprendí	salí
tú	ganaste	aprendiste	saliste
él/ella/Ud.	ganó	aprendió	salió
nosotros, -as	ganamos	aprendimos	salimos
vosotros, -as	ganasteis	aprendisteis	salisteis
ellos/ellas/Uds.	ganaron	aprendieron	salieron

Verbs that change the 'c' in their radical (stem) for 'qu' for phonetic reasons (Actividad 1.12)

The verbs *provocar, achacar* and *multiplicar* are not irregular, but in the written language the 'c' changes to 'qu' before 'e' in the first person singular in order to conserve its hard /k/ sound. The rest of the forms in the preterite are regular.

	Provocar	Achacar	Multiplicar
yo	provoqué	achaqué	multipliqué

Radical changing verbs in the preterite (Actividad 3.9)

Morir	Poder
morí	pude
moriste	pudiste
murió	pudo
morimos	pudimos
moristeis	pudisteis
murieron	pudieron

Radical change from 'e' to 'i' in the third person singular and plural, e.g. *repetir* → *repitió / repitieron* (Actividad 3.9)

Infinitivo	él/ella/Ud.	ellos/ellas/Uds.
competir	compitió	compitieron
elegir	eligió	eligieron
medir	midió	midieron
pedir	pidió	pidieron
seguir	siguió	siguieron
servir	sirvió	sirvieron
sentir(se)	(se) sintió	(se) sintieron
vestir(se)	(se) vistió	(se) vistieron

Other irregular verbs (first person singular) (Actividades 1.12, 3.4)

Infinitivo	Pretérito
tener	tuve
obtener	obtuve
estar	estuve
poder	pude
poner	puse
hacer	hice
querer	quise
venir	vine
decir	dije
producir	produje
traer	traje

Referring to the past using the relatives *que* and *cuando* (Actividades 1.10 and 3.10)

Fue un militar argentino que en el siglo pasado luchó por…

Fue un/una ...... + *que* + sentence in the past (relative clause)

Un día memorable para Beatriz fue cuando…

Un día memorable fue + *cuando* + sentence in the past (relative clause)

Uses of the imperfect (Actividades 2.1 – 2.6)

(a) To indicate states or actions which continued in the past for an unspecified period of time, or events whose beginning or end is not specified.	Los sacerdotes tenían una gran influencia entre la élite y el pueblo. Los dioses encarnaban a las fuerzas de la naturaleza.
(b) To describe people, characteristics, settings and situations when narrating in the past.	Ella era una mujer fina y educada. Su atención estaba en la ayuda a los pobres. Era un día oscuro y hacía frío.
(c) To refer to habitual actions in the past.	Iban todos los días a trabajar.

Regular forms of the imperfect (Actividad 2.2)

	Caminar	Hacer	Salir
yo	caminaba	hacía	salía
tú	caminabas	hacías	salías
él/ella/Ud.	caminaba	hacía	salía
nosotros, -as	caminábamos	hacíamos	salíamos
vosotros, -as	caminabais	hacíais	salíais
ellos/ellas/Uds.	caminaban	hacían	salían

Irregular verbs in the imperfect (Actividad 2.2)

	Ir	Ser	Ver
yo	iba	era	veía
tú	ibas	eras	veías
él/ella/Ud.	iba	era	veía
nosotros, -as	íbamos	éramos	veíamos
vosotros, -as	ibais	erais	veíais
ellos/ellas/Uds.	iban	eran	veían

Expressing dates in Spanish (Actividad 1.2)

Spanish dates are expressed with cardinal numbers	el doce de julio
Except, optionally, for the first day of the month	el uno de abril *but also* el primero de abril
The names of months, days of the week and seasons of the year are not written in capital letters in Spanish	enero, febrero, marzo, *etc.* lunes, martes, miércoles, *etc.* primavera, verano, otoño, invierno

To refer to a specific date, you should use the article before the day number, with the month and year both preceded by the preposition *de*. For instance, 12 August 1999 would be expressed as follows:

Artículo	Día	Preposición 'de'	Mes	Preposición 'de'	Año
el	doce	de	agosto	de	mil novecientos noventa y nueve

When referring to dates after 1999, you should use *del* before the year, e.g.:

> el doce de marzo del (de + el) dos mil cinco.

> el tres de julio del (de + el) tres mil cincuenta y siete.

Numbers above 1,000 (Actividad 1.13)

1.000	mil	1.000.000	un millón
2.000	dos mil	2.000.000	dos millones
40.000	cuarenta mil	40.000.000	cuarenta millones
100.000	cien mil	500.000.000	quinientos millones

¿'Cien' o 'ciento'? (Actividad 1.13)

When a hundred is followed by tens or units, or multiples of tens or units, *ciento* is used: *155.000 = ciento cincuenta y cinco mil / 109 = ciento nueve*

If it is followed directly by *mil*, *millón*, etc., or by a noun, *cien* is used: *cien mil / cien millones / cien personas*

Cien and *ciento* do not vary in gender and number: *cien razones / ciento nueve personas / ciento cincuenta hombres*

'One hundred per cent': *cien por cien* (Spain) / *ciento por ciento* (Spanish America)

Situating events in the past (Actividad 1.11)

Expressions / constructions used in conjunction with the preterite tense to situate, link and delimit events in the past:

To situate events in the past:
en + año: *En 1492 Colón descubrió América.* en + tiempo: *En aquel año hubo muchas desgracias.* a los xx años: *A los 10 años escribió sus primeras poesías.* hace + tiempo: *Hace cinco años estuve en Ecuador.*

To relate / link events in the past:
al cabo de xx tiempo: *Llegaron en el 91 y, al cabo de cinco años, regresaron a su país.* después de x tiempo: *Llegaron en marzo y después de seis meses se fueron.*

To delimit the duration of events in the past:
desde… hasta…: *Vivió en Madrid desde los 23 hasta los 30 años.* de… a …: *Fue presidente de 1960 a 1963.*

To refer to the start / end of an event:
comenzar a… / empezar a…: *Comenzó a bailar en cuanto llegó al festival. / Empezó a pintar en 1902.* iniciar: *Hidalgo inició el proceso independentista.* terminar… de… / en…: *Terminé de estudiar en la universidad en 1990.* finalizar: *Su gobierno finalizó antes de lo esperado.*

Using connectors to achieve cohesion (Actividades 2.3, 3.1)

Connectors that indicate that what follows is the cause of, or reason for, the first part of the sentence: *ya que* *porque* *puesto que*	La religión tenía gran importancia, **ya que** permeaba todos los aspectos de la vida. No lo hizo **porque** no era buena idea. No vino **puesto que** tenía un examen.
Other connectors indicate that what follows denotes some idea of purpose: *para* *con el objetivo de* *con el propósito de*	Esto se hacía **para** provocar una reacción favorable de los dioses. Se marchó **con el objetivo de** rehacer su vida. Me llamó **con el propósito de** ofenderme.
Connectors that suggest that what follows them is in contrast with what has been expressed before. They are equivalent to *pero* and appear between the sentences they link: *sin embargo* *aún así* *así y todo*	Tiene mucho dinero. **Sin embargo** viste muy mal. Le hemos dicho que tenga cuidado con el sol. **Aún así** se niega a usar crema contra el sol. Llevaba mucho dinero. **Así y todo** no le fue suficiente.
Other connectors express contrast but imply that, even though not all the requirements of the main sentence are met, the second action does take place. They can appear either at the beginning of the sentence or between the two ideas they link, but they must always precede the main idea: *aunque* *si bien* *si bien es cierto que*	**Aunque** las culturas han desaparecido, su influencia todavía está presente. Su influencia todavía está presente, **aunque** las culturas han desaparecido. **Si bien** la pareja convive por largo tiempo, sólo puede casarse cuando conciben un hijo. **Si bien es cierto que** es un holgazán, tiene un buen corazón.
Connectors that indicate order / sequence: *en primer lugar / primeramente* *en segundo lugar / segundo* *para empezar* *después* *a continuación* *luego* *finalmente / por último / para concluir*	**Para empezar** el padre Ignacio cantó un himno quechua. **Primero** llegó el padrino y después los familiares. **A continuación** el padre bendijo los anillos. **Para concluir** los asistentes se echaron mixtura unos a otros.

Using prefixes to indicate negation (Actividad 2.7)

There are two main prefixes that denote negation: *in* and *des*. They can precede verbs, adjectives and adverbs. *In* varies according to the letter that follows it:

If the word starts with the consonants 'l' or 'r', 'in' changes to 'i':	ilegal irregular
If the word starts with 'b' or 'p', 'in' changes to 'im':	imborrable imperfecto
'des' is unchangeable:	deshacer desintegrar desbaratar

Uses of *ya* as an adverb (Actividad 2.11)

Ya is placed at the beginning or end of a phrase, although there are standard collocations, as in the following examples:

(a) meaning 'already'	*Ya te lo dije.* ('I have already told you.')
(b) meaning 'right away' or 'now'	*Ya voy.* ('I am coming right away.') *Llámalo ya.* ('Call him now.')
(c) with verbs like *ver* and *entender*, *ya* can convey the idea of confirmation of or agreement with what another speaker has said	*Ya veo.* ('I can see what you mean.')
(d) *ya* can indicate confidence that an action expressed in the future tense will definitely happen	*Ya llegará.* ('He/she/it will arrive at some point.')
(e) in negative sentences, *ya* means 'not any more'	*¿Es que ya no tenéis prisa?* ('Aren't you in a hurry any more?')

Expressing agreement or disagreement (Actividad 2.5)

Agreement	
estar de acuerdo	Estoy de acuerdo; era un hombre muy simpático.
tener la misma opinión	Tengo la misma opinión, es muy antipático.
tener razón	Tienes razón, es majísima.
es verdad… / cierto…	Es cierto, es muy listo.

Disagreement	
Put *no* in front of the expressions above:	No estoy de acuerdo… No tengo la misma opinión… No tienes razón…
Use expressions like: *estar en contra* *estar en desacuerdo* *creer todo lo contrario* *estar equivocado*	Los empleados están en contra de esa decisión. Estoy completamente en desacuerdo con tu opinión. Creo todo lo contrario; es un mentiroso. Están equivocados, fue un accidente.

Expressing uncertainty about reported events (Actividad 2.8)

The writer cannot be sure of the facts, although there is a source for the information:	La leyenda cuenta que… La historia dice que… Una leyenda apócrifa asegura que… Fuentes bien informadas aseguran que…
If you do not want to attribute the facts to any particular source, use impersonal sentences starting with se… or put the sentence in the third person plural.	Se cuenta que Santiago nació de un milagro. Cuentan que Santiago nació de un milagro.

Communicating personal feelings and impressions (Actividad 3.4)

Speakers can share their feelings and impressions in different ways:

Trying to involve the listener in the situation:	Imagínate que… No te puedes imaginar… Tú verás… Mira… Pues, ya verás…
Using superlative expressions to denote how impressed or unimpressed they are:	una delicia superbién lindísimo espectacular fenomenal estupendo fatal terrible horrible espantoso

Expressing congratulations and condolences (Actividad 3.11)

Congratulations	Condolences
(Muchas) felicidades	Siento muchísimo la noticia de…
Enhorabuena	Nuestro más sentido pésame por…
Recibe mis (sinceras) felicitaciones	Deseamos expresarte nuestros
Te felicito de todo corazón	sentimientos de pesar…
Feliz cumpleaños / Navidad / aniversario	Recibe nuestras sinceras condolencias…

Expressing apologies (Actividad 3.12)

perdón / perdona / perdone	Perdona que no puedo asistir a la fiesta…
discúlpame por… discúlpeme por…	Discúlpame por no poder asistir a la reunión…
me encantaría… pero…	Me encantaría poder ir a tu fiesta de cumpleaños, pero desafortunadamente…
(lo) siento muchísimo…	Siento muchísimo no poder acompañarte el día de tu cumpleaños pero… Lo siento muchísimo, pero no puedo acompañarte el día de tu cumpleaños…

Vocabulario

Datos biográficos

casarse

contraer matrimonio

convertirse en

dedicarse a

divorciarse

el divorcio

emigrar

enamorarse

fallecer

matarse

morir

la muerte

nacer

el nacimiento

la separación

separarse

suicidarse

trabajar

la vida

vivir

Celebraciones religiosas

bautizar

el bautizo

la boda

la ceremonia

la Iglesia Católica

el libro parroquial

el matrimonio

los novios

las ofrendas

la parroquia

los ritos matrimoniales

Religión

el arzobispo

bendecir

la catedral

las deidades

los dioses

encarnar

el ermitaño

el milagro

el obispo

la oración

la peregrinación

rezar

el rito

el sacerdote

el sepulcro

simbolizar

sobrenatural

el templo

la tumba

venerar

La familia y la vida familiar

compartir

concebir (un hijo)

los jóvenes

las labores

los padres

los padrinos

la pareja

los quehaceres diarios

las responsabilidades familiares

responsabilizarse

los suegros

el techo

tener hijos

tener un papel en la familia

Historia / conflictos bélicos / sucesos relevantes

la abolición de la esclavitud

el acuerdo

asumir

avanzar

la causa

las causas de descontento

comandar

conmemorar

la conquista

conquistar

la constitución

durar

encabezar

la explotación

fusilar

el golpe militar / el golpe de estado

la guerra (civil)

la historia

la independencia

invadir

el levantamiento

liberar(se)

la libertad

el liderazgo

la lucha

el mito

proclamar(se)

la promulgación

promulgar(se)

la rebelión

la represión

la revolución

el tratado

las tropas

unir(se)

Política / regímenes / cargos

El Consejo de Indias
el coronel
la democracia
la dictadura
el franquismo
el gobierno
la inestabilidad política
el presidente
la primera dama
la república
el rey
el virrey

Países / áreas geográficas

América del Sur
Arizona
Bolivia
California
Europa oriental
Galicia
Latinoamérica
Los Estados Unidos / EEUU
México / Estados Unidos
Mexicanos
Nueva España
Nueva Granada
Nuevo México
Perú
República soviética
Texas
Ucrania

Origen

azteca
colombiano, -na
español, -la
inca
inglés, -esa

mexicano, -na
peruano, -na

Profesiones / oficios

el actor
la actriz
el / la artista
el escritor
el muralista
el pintor
el político

Estructura social

las castas
la clase privilegiada
los criollos
la élite
los funcionarios
los gachupines
el / la indígena
el mestizo
los negros
los nobles
el pueblo

Descripciones físicas

elegante
fino, -na
guapo, -pa
hermoso, -sa

Carácter / temperamento

agradable
autoritario, -ia
egoísta
extraordinario, -ia
fastuoso, -sa
fiel
generoso, -sa
polémico, -ca

simpático, -ca
vanidoso, -sa

Expresiones comunes con la palabra 'Dios'

Adiós
Como Dios manda
A la buena de Dios
Cuando Dios quiera
Necesitarse Dios y ayuda
¡Vaya por Dios!
¡Vaya con Dios!
¡Al que madruga, Dios le ayuda!

Expresiones para acelerar la conversación

¡Vaya al grano! / ¡Ve al grano!
¡Siga! / ¡Sigue!
¡Anda, cuéntanos!
¡Vamos a necesitar todo el día!

HISPANOAMÉRICA

The imperative

The imperative is not used in the *vosotros* form in Spanish America or in the Canary Islands; *ustedes* is used instead.

Constipado

En muchos sitios en América, estar 'constipado' significa lo mismo que en inglés.

Pedir cita

In Spanish America, the expression *pedir cita* is used instead of *pedir hora*.

Balneario

En Hispanoamérica, la palabra 'balneario' significa 'lugar de veraneo' y no tiene que ver con salud. Lo que en España se denomina 'balneario' en partes de Hispanoamérica se llama 'baños termales'.

Toponyms

In Mexico there are many place names derived from Nahuatl. (Some examples are Texcoco, Oaxaca and Taxco.) Words in Mexican Spanish containing the letter 'x' are often of Nahuatl origin. In many cases the 'x' has become a 'j', as in *jacal*, *Jalisco* and *jitomate*.

Health

Asking someone how they feel:

¿Cómo se siente / te sientes?
constipado = estreñido (Sp)
la gripa = la gripe (Sp)

Algunas lenguas indígenas

náhuatl

maya quiché

quechua

guaraní

aymará

Algunas palabras de origen quechua

la llama

la puma

la vicuña

el cóndor

Algunas capitales hispanoamericanas

Ciudad de México

Caracas

Bogotá

Lima

San Juan (de Puerto Rico)

La Habana

Asunción

Buenos Aires

Mexicanismos

platicar

¡Híjole!

De origen mexicano

el aguacate

el cacao

el tomate

la vainilla

Atuendo de una boda campesina peruana

La novia: la montera / la pollera / las ojotas

El novio: el poncho / el pantaloncito a media pierna / las ojotas

'Dizque'

In some parts of Spanish America the word *dizque* is widely used to precede statements. It comes from *dicen que* and it is used to convey the idea that the speaker is either not sure of the source of the statement, wants to distance himself / herself from what is being said, or wants to show disbelief about what is being stated. (See *Actividad 2.8* for some examples.)

Clave

Unidad 1

Actividad 1.1

1 They are all past events. The tense used is the present, but in this context it is known as the 'historic present'.

2 (a) Los árabes invaden la península ibérica en (el año) 711.

(b) El escritor colombiano Gabriel García Márquez recibe el Premio Nóbel de literatura en 1982.

(c) La Revolución Cubana tiene lugar en 1959.

(d) Hernán Cortés llega a México en 1519.

Actividad 1.2

2 (a) El veinticinco de mayo de mil novecientos noventa y siete.

(b) El uno de enero de mil novecientos uno

o

El primero de enero de mil novecientos uno.

(c) El doce de octubre de mil cuatrocientos noventa y dos.

(d) El dos de junio del dos mil diez.

Actividad 1.3

4 (a) La firma del Tratado de Córdoba representa la verdadera independencia de México.

(b) Los caracteriza la inestabilidad política y económica.

(c) Los que se benefician son los criollos.

(d) Arizona pasa a ser parte de los Estados Unidos en 1851.

Actividad 1.4

2 (a) *Se esmera,* from the verb *esmerarse,* 'to put a lot of effort (into something)'.

(b) *Se dedica*, from *dedicarse,* 'to devote oneself (to something)'.

(c) *Se enamora*, from *enamorarse*, 'to fall in love'.

(d) *Se mata*, from *matarse*, 'to kill oneself'.

3 The correct order is: (b), (e), (a), (d), (c).

Actividad 1.5

2 You may have underlined:

… *los primeros veinte años de su vida* to replace 1539 – 1559;

A *los 47 años de edad* to replace 1586;

… *a los 77 años de edad* to replace 1616.

Actividad 1.6

1 The verbs underlined should be:

salieron

tuvo (lugar)

salieron

ganó

falleció

nació

desarrolló

se dedicó

Actividad 1.7

2 Los muralistas son Diego Rivera y Juan O'Gorman.

3

D. Rivera: *México a través de los siglos*	J. O'Gorman: *Retablo de la Independencia*
Localización del museo: en el centro de Ciudad de México. Año de nacimiento de Rivera: 1886. Año de su muerte: 1957. Tema del mural: la historia de México y sus personajes más destacados.	Años de producción del mural: 1960-61. Tema mostrado en la primera parte del mural: las causas que originaron la Guerra de la Independencia. Parte superior: la clase privilegiada (españoles peninsulares). Parte baja: explotación de la clase indígena.

Actividad 1.8

1 Two of Hidalgo's achievements were: (a) he started the process of independence for Mexico; and (b) he was responsible for the abolition of slavery in 1810. You could also have said that he united all Mexicans in the fight for freedom from Spain, regardless of their social status.

2 Check your answer by listening to the video sequence again. If you are still unsure, check in the Transcript Booklet.

3 She uses the historic present. Remember that the present is often used as an alternative to the preterite tense to make the narrative sound exciting.

Actividad 1.9

1 The character's name is Porfirio Díaz. Patricia uses the preterite rather than the historic present.

2 (a) Falso. (Patricia says that Porfirio himself referred to his style of government as *'poca política y mucha administración'*.)

(b) Falso. (It was long. You can infer this when Patricia says: *'... al prolongarse tanto tiempo en el poder...'*.)

(c) Verdadero.

(d) Verdadero.

(e) Falso. (Patricia says: *'... esto fue una de las primeras causas de descontento.'*)

3

Aspectos positivos	Aspectos negativos
Trajo inversión extranjera.	Estuvo mucho tiempo en el poder.
Reavivó la economía.	Dio demasiados privilegios a los extranjeros sobre los nacionales.

Actividad 1.10

3 (a) **Benito Juárez**

(i) Benito Juárez fue presidente de la República Mexicana entre 1860 y 1867.

(ii) Instituyó la Ley de Reforma[*] y separó la Iglesia del Estado.

(b) **Picasso**

(i) Usa el adjetivo 'emblemático'.

(ii) El Museo Picasso está en Barcelona.

(c) **José de San Martín**

(i) La pregunta es: '¿Quién fue José de San Martín?'

(ii) Es de nacionalidad argentina.

(iii) Luchó para conseguir la independencia de toda América del coloniaje español.

(d) **César Vallejo**

(i) César Vallejo fue un escritor peruano.

(ii) Dice que sus obras tienen conceptos muy valederos incluso hasta el día de hoy.

[*]A land reform.

Actividad 1.11

1 Se trata de Miguel de Cervantes, autor de *El ingenioso hidalgo don Quijote de la Mancha (El Quijote)*.

2 Suggested answer:

Miguel de Cervantes nació en 1547. Vivió con su familia en Valladolid, Madrid y varias ciudades andaluzas. A los 23 años se alistó en el ejército y sirvió como soldado en Italia. En el año 1571, en la batalla naval de Lepanto, recibió heridas y perdió el uso de la mano izquierda. Estuvo cautivo en Argel durante cinco años. Luego se instaló en Madrid. En 1584 se casó con Catalina de Palacios Salazar. Veintiún años después publicó la primera parte de su gran obra literaria, *El Quijote*. En 1608 se separó de su mujer y se instaló en Madrid. Su fama se extendió por España y el extranjero pero siempre vivió en una relativa pobreza. Publicó la segunda parte de *El Quijote* en el año 1615. Murió el 23 de abril de 1616, el mismo día que murió William Shakespeare.

Actividad 1.12

1 The title *Peor que la bomba de Hiroshima* refers to the fact that the Chernobyl tragedy produced more radioactive material than the Hiroshima and Nagasaki bombs.

El accidente liberó entre 30 y 40 veces más material radioactivo que las bombas de Hiroshima y Nagasaki.

2

La tragedia de Chernóbil	
Fecha y hora	26 de abril de 1986 a la 1:23.
Lugar	Central nuclear en la República soviética de Ucrania.
Hechos	Explosión que provocó un incendio.
Efectos inmediatos	Liberación de grandes cantidades de material radioactivo, dos personas muertas y 49 personas muertas por irradiación.
Consecuencias posteriores	Evacuación de más de 135.000 personas, contaminación de los territorios agrícolas de Europa oriental, aumento de los casos de cáncer y bocio, y contaminación de alimentos.
Efectos a largo plazo	Mutaciones en animales y plantas, con efectos desconocidos.

3 Here is a possible answer:

El 26 de abril de 1986, en la central nuclear de la República de Ucrania, ocurrió una explosión que ocasionó un incendio y que liberó grandes cantidades de material radioactivo. Murieron más de 50 personas. El accidente ocasionó la evacuación de más de 135.000 personas, la contaminación de alimentos y el aumento de los casos de cáncer y bocio. A largo plazo se efectuarán mutaciones monstruosas de animales y plantas y sus efectos son desconocidos.

4 The irregular preterite forms are *se produjo* and *murieron*.

5 (a) En la República de Ucrania **ocurrió** una explosión que **ocasionó** un incendio.

(b) El accidente **desprendió** más material radioactivo que la bomba de Hiroshima.

(c) Dos personas **fallecieron** en la explosión.

(d) En la ciudad de Gómel se **descubrió** un aumento de los casos de cáncer.

(e) Más del 75% de los alimentos sometidos a pruebas después del accidente **probaron** estar contaminados.

6 Under *producirse,* the dictionary suggests *tener lugar* and 'occur', which is *ocurrir* in Spanish.

Under *provocar,* the dictionary suggests *ocasionar* and *causar.*

The dictionary does not offer any obvious synonyms of *liberar,* but if you look up its translation, 'release', you will find 'emit' and 'disseminate', for which *despedir* and *desprender* are suggested.

There are no obvious synonyms for *morir* but if you look up 'pass away', you will find the word *fallecer.*

The dictionary suggests 'detect' or 'discover' as translations of *detectar.* If you go to the English section and look up 'detect', the dictionary also offers *advertir.* It also suggests 'perceive' and 'notice', which are *percibir* and *notar* respectively.

Probar is also suggested under *demostrar.*

Unidad 2

Actividad 2.1

1 El pasaje habla de la **cultura maya** en la que **los dioses** simbolizaban las fuerzas de la naturaleza y se representaban por medio **de animales**. También creían que el mundo estaba formado por tres planos: **cielo**, **tierra** e **inframundo**.

2 (a) Verdadero.

(b) Falso. *(El dios del viento se llamaba Ik.)*

(c) Verdadero.

(d) Verdadero.

(e) Falso. *('Creían que los dioses habían destruido y vuelto a crear el universo varias veces, hasta llegar al mundo de su época...'.)*

(f) Verdadero.

3 The correct answers are:

(a) – (v), (b) – (i), (c) – (ii), (d) – (vi), (e) – (iii), (f) – (iv).

Actividad 2.2

4 (a) Los indígenas **creían** que cada elemento de la naturaleza **tenía** un dios que lo **representaba**.

(b) De niño yo **acostumbraba** (a) ir a casa de mis abuelos todos los veranos.

(c) Su padre **era** un hombre que **respetaba** la ley antes que otra cosa.

(d) Cuando tú **vivías** en Guatemala, ¿qué **hacía** tu padre?

(e) La noche **estaba** clara, y los chicos y yo **podíamos** ver desde la ventana la llegada de los pescadores.

Actividad 2.3

1 You should have underlined *ya que, puesto que* and *para*.

2 (b) – (i) No fuimos al fútbol **porque / ya que / puesto que** no había(n) entradas.

(c) – (vi) Se fue temprano **para / con el propósito de / con el objetivo de** tomar el primer tren.

(d) – (iii) Las tribus amazónicas están desapareciendo **puesto que / ya que / porque** se está explotando en exceso la selva tropical.

(e) – (ii) El nuevo parque está cercado **con el objetivo de / con el propósito de / para** proteger a los niños.

(f) – (v) El banco le prestó el dinero **para / con el objetivo de / con el propósito de** poner el depósito para su piso.

Actividad 2.4

1 (a) Nació en un pueblo pobre de la provincia de Buenos Aires.

(b) Fue la primera dama de Argentina.

(c) Se casó con el coronel Juan Domingo Perón.

(d) Murió en 1952.

2

	Lilian +	Lilian −	Silvia +	Silvia −
(a) 'Nos parecía una mujer muy vanidosa…'				✓
(b) '… ayudó mucho a los pobres… a su manera, ¿no?'				✓
(c) 'Ella era extraordinaria en todo sentido.'	✓			
(d) '… hay mucha gente que sigue odiándola todavía.'				✓
(e) 'Estaba muy interiorizada de todos los problemas del país…'	✓			
(f) 'Por un lado ayudaba a los pobres pero su vida era muy fastuosa, ¿no?'				✓
(g) 'Ella fue la que hizo el voto femenino…'	✓			

3

	Apariencia física	Carácter	¿Aparece en la Cinta?
1. Era una mujer fina.	✓		✓
2. Era una mujer elegante.	✓		
3. Era una mujer muy autoritaria.		✓	✓
4. Era una mujer polémica.		✓	
5. Tenía los ojos negros.	✓		
6. Era una mujer muy vanidosa.		✓	✓
7. Era una mujer poderosa.		✓	
8. Era una mujer alta y delgada.	✓		
9. Era una mujer bien educada.		✓	✓

Actividad 2.7

3 *Deshacer* and *indelicado* can mean the opposite of *hacer* and *delicado*. However, other words can be equally valid, depending on the context. It is therefore important to verify the context before choosing an antonym.

4

posible	imposible	probable	improbable
montar	desmontar	conocido	desconocido
gracia	desgracia	reparable	irreparable
responsable	irresponsable	tranquilo	intranquilo
capaz	incapaz	bebible	imbebible
atento	desatento		

Actividad 2.8

1 (a) – (3), (b) – (4), (c) – (1), (d) – (6), (e) – (5), (f) – (2).

Actividad 2.9

1 The legends refer to the foundation of Cuzco and Mexico City.

2 (a) Se dice que Manco Capac fue el primer Inca.

(b) Según el mito surgió del lago Titicaca.

(c) Fundó la ciudad de Cuzco.

(d) Dicen que venían de Aztlán.

(e) Se dice que caminaron más de tres siglos.

(f) Cuentan que buscaban un águila encima de un nopal devorando una serpiente.

3 Here is a possible answer:

La leyenda del rey Arturo

Dice la leyenda que el rey de Inglaterra Uther Pendragon tenía un hijo llamado Arturo. El rey presentía que los nobles iban a quitarle el trono a su hijo y le ordenó al mago Merlin ocultarlo hasta la mayoría de edad. Poco tiempo después murió el rey y los nobles empezaron a luchar por el poder mientras Arturo crecía feliz en el castillo del noble Héctor.

Se cuenta que un día, en un cementerio de una iglesia de Londres, Arturo se encontró una espada que atravesaba una gran piedra. En la espada había una inscripción que decía: 'Quien pueda sacar la espada de la piedra es el verdadero rey de Inglaterra'. Muchos intentaron sacar la espada, pero el único que pudo hacerlo fue Arturo, un día que buscaba una espada para Héctor, su protector. Se asegura que ese mismo día se coronó a Arturo como rey de Inglaterra.

Actividad 2.10

1 *Sin chaqueta* means the same as *en mangas de camisa*.

2 The narrator normally introduces each new part.

Your chart does not have to be identical to the model answer given here (opposite, top), but do make sure that your ideas coincide with these in general.

3 *'Al que madruga, Dios le ayuda'* is equivalent to the English 'The early bird catches the worm'.

'No por mucho madrugar amanece más temprano' means that things happen in due course and not before. It literally means that, no matter how early you get up, dawn doesn't break until it is due.

Actividad 2.11

2 Remember that you are not expected to use *ya* in all these contexts yet (opposite, bottom). The important thing now is to be able to recognize the different meanings.

	Participantes	Idea principal	Ideas secundarias
Primera parte	Zacarías Isabel Rosita	La familia se prepara para ir a una boda.	1. Zacarías está listo y no quiere llegar tarde. 2. Rosita e Isabel también están listas. 3. Carlos tarda mucho en el baño.
Segunda parte	Zacarías Rosita	Zacarías está preocupado por su nieta.	1. Zacarías le pregunta a Rosita sobre su salud. 2. Zacarías quiere saber si Rosita tiene novio y si piensa casarse. 3. Rosita piensa que las mujeres modernas son diferentes.
Tercera parte	Zacarías Rosita Isabel	Zacarías cuenta una anécdota sobre el día de su boda.	1. El día de su boda Zacarías perdió el tren y tuvo que ir a la iglesia en taxi. 2. El taxista no sabía el camino y llegaron tarde. 3. Por la prisa olvidó su chaqueta en el taxi. 4. Su suegra le dio un porrazo. 5. Zacarías se casó en mangas de camisa y con un ojo morado.
Cuarta parte	Zacarías Rosita Isabel Carlos	La familia llega a la boda y Zacarías no encuentra su chaqueta.	1. Zacarías descubre que no tiene su chaqueta. 2. Rosita va a buscar la chaqueta al coche y no la encuentra. 3. La familia se ríe de Zacarías. 4. Zacarías está otra vez en mangas de camisa.

(a) 'already'	(b) 'right away' or 'now'	(c) agreement or confirmation	(d) 'it will happen at some point'	(e) 'not any more'
Ya te lo dije ayer… ¡En fin, tú ya sabes! … hace casi 50 años ya. Ya estaba allí la novia. … los novios ya están allí.	¡Yo ya estoy lista! ¡Ya voy! ¿Está ya preparado tu marido? Ya le queda poco. Ya estoy preparado. Vamos ya.	Ya entiendo… Ya veo que…	¡Ya veremos!	¿Es que ya no tenéis tanta prisa? … tu papá ya no tiene problema de tiempo.

Actividad 2.12

1 Zacarías gets too involved in talking about the details. Rosita and Isabel try to get him to concentrate on the story on several occasions.

2 *¡Vaya al grano!* means 'get to the point!'.

The other expressions used by Rosita and Isabel are:

Vamos a necesitar todo el día para saber lo que pasó.

Sigue, abuelo. ¡Y deja las flores!

¡Olvídese del paisaje, don Zacarías!

Unidad 3

Actividad 3.1

1 Tres aspectos típicos son:

- Los padres arreglan el matrimonio.

- Antes de casarse los novios, que duermen juntos en la casa de uno de los padres, tienen que ayudar en el hogar de los suegros.

- El matrimonio no se puede llevar a cabo hasta que se conciba un hijo.

2 These are the words / expressions associated with the text. You can add more if you wish.

Vocabulary relating to the Church and weddings	Vocabulary relating to family life
Nouns la boda el libro parroquial el matrimonio los novios los ritos matrimoniales el ritual	la pareja los padres los jóvenes los suegros los quehaceres diarios las labores el techo los padrinos los hijos
Verbs bautizar casarse	concebir un hijo
Related words / expressions could include: la parroquia el bautizo	tener hijos las responsabilidades familiares tener un papel en la familia compartir responsabilizarse

3

Primera idea	Segunda idea	Conector
el objetivo final es una boda católica	el pueblo quechua toma un camino no católico para llegar allí	sin embargo
no se casarán hasta que conciban un hijo	el matrimonio puede retrasarse años	aún así
la mayoría de las culturas indígenas han desaparecido	la cultura quechua ha dejado sus huellas en las costumbres de hoy	aunque

4 (a) – (iv)   La semana pasada fui al médico dos veces. **Sin embargo / aún así / así y todo** no me encuentro bien.

(b) – (i)   Tuvimos tiempo de verlo todo **si bien (es cierto que) / aunque** llegamos tarde.

(c) – (ii)   Siempre ayudaba a su madre en la cocina **si bien (es cierto que) / aunque** odiaba cocinar.

(d) – (iii)   Reparó su coche el mes pasado. **Sin embargo / aún así / así y todo** sigue fallando.

Actividad 3.2

2 (a) Falso. *(La ceremonia se llevó a cabo en lengua quechua.)*

(b) Falso. *(Todos los asistentes llevaban traje de fiesta.)*

(c) Falso. (Father Ignacio says that the groom wore a pair of knee-high trousers: *'… [un] pantaloncito a media pierna'*.)

(d) Verdadero.

(e) Verdadero.

(f) Falso. (They walked 20 (*veinte*) kilometres.)

3

El rito matrimonial

(a) Rolando: le dio la mano derecha a Dionisia.

(b) Dionisia: le dio la mano derecha a Rolando.

(c) El padre Ignacio a Rolando: le preguntó: "¿Acepta a Dionisia como esposa?"

(d) El padre Ignacio a Dionisia: le preguntó: "¿Acepta a Rolando como esposo?"

(e) El padrino: entregó los anillos.

(f) El padre Ignacio: bendijo los anillos.

(g) Los novios: intercambiaron los anillos.

4/5 Your answer might look like this:

En Calincunka, una parroquia en los Andes peruanos, se casaron Rolando y Dionisia. Los novios, sus familiares y amigos llegaron a la iglesia con sus trajes de fiesta.

Primero el padre Ignacio los recibió con una canción quechua y luego comenzó el rito del matrimonio.

Rolando le dio la mano derecha a Dionisia y Dionisia también le dio la mano derecha a Rolando. A continuación el padre Ignacio le preguntó a Rolando si aceptaba a Dionisia como esposa, y a Dionisia si aceptaba a Rolando como esposo.

Después el padrino entregó los anillos y el padre Ignacio los bendijo. Los novios intercambiaron los anillos y así terminó el rito.

Finalmente el padre Ignacio los despidió con una canción tradicional y los novios volvieron a su casa. Tuvieron que caminar 20 kilómetros.

Actividad 3.4

2 (a) Fue a Santa Marta, en Colombia.

(b) Estuvo dos semanas.

(c) Primero en avión hasta Santa Marta, luego por carretera y después a pie.

(d) El sitio era muy bonito con playas de arena blanca, un mar espectacular y peces y aves de muchas clases.

(e) Allí vivía una tribu llamada Tayrona.

(f) Lo pasó muy bien.

Actividad 3.5

1 (a) When he got married and when he took his First Holy Communion.

(b) He was director of the Archeological Museum in Galicia.

(c) When he left the museum.

2 The correct option is (c). (The word *olvidado* refers to *patrimonio arqueológico* and it means that Galicia's archaeological heritage is being neglected. The word *deuda* in this context means that Felipe thinks the State owes it to Galicia to look after its archaeological heritage.)

3 You might have written something like this:

Felipe era director del Museo Arqueológico. El momento más feliz de su vida no fue ni cuando se casó o hizo la primera comunión, sino cuando dejó su trabajo. Felipe pensaba que el museo era un patrimonio arqueológico olvidado y estuvo muy feliz cuando pudo explicar las causas para marcharse.

Actividad 3.6

1 Desde el punto de vista personal un día importante para Fernando fue **el día que / cuando se casó** y desde el punto de vista profesional **el día que / cuando entrevistó / tuvo la oportunidad de entrevistar a Pelé.**

Actividad 3.7

2 (a) A wedding.

(b) The opening of an art exhibition.

(c) A journalist's birthday celebrations. (*Onomástico* is a formal written synonym for a birthday or saint's day.)

3 You may have suggested something like:

(a) Boda de Luz y Manolo, *or*

Se casa Luz Triana, *or*

Boda en la Hacienda Palomares, *etc.*

(b) Antonio Barrera en la Quinta Galería, *or*

Antonio Barrera vivo en la Quinta Galería, *or*

Nueva exposición en la Quinta Galería, *etc.*

(c) Rumba y salsa para Nubia Ramos, *or*

Nubia de rumba hasta el amanecer, *or*

Nubia Ramos festeja su cumpleaños, *etc.*

4

Informal	Formal
celebró	festejó
se casaron	contrajeron matrimonio
cumpleaños	onomástico
muerto	fallecido
casa	residencia

Actividad 3.8

1 It suggests that the poem is dedicated to the author's brother who is now dead.

3 (a) He is remembering when he and Miguel used to play at that time of the day.

(b) They used to take it in turns to hide around the house.

(c) They used to make each other cry.

(d) Miguel hid that night yet he was no longer happy but sad.

(e) It means that Miguel was his twin brother.

(f) It means that his soul is filled with a shadow (of sadness).

(g) He asks Miguel not to be long because their mother might get worried.

4 El autor **recuerda** que cuando **era** niño, él y su hermano **jugaban** al escondite por toda la casa hasta que **se hacían** llorar. Una tarde de agosto Miguel **se escondió** pero esta vez no **reía** sino que **estaba** triste. Su hermano gemelo hoy **está** triste también porque está cansado de esperarlo y le dice: 'Oye, hermano, no tardes en salir, ¿bueno? Puede inquietarse mamá.'

Actividad 3.9

1 (a) El terremoto (de Ciudad de México) y el nacimiento de sus hijos.

(b) La independencia de su país y su boda.

(c) El nacimiento de su hijo.

(d) Su boda y el nacimiento de sus hijos.

(e) Su boda.

(f) El día que se proclamó campeona nacional (de atletismo).

2 (a) Fue el 19 de septiembre de 1985.

(b) Tiene cuatro hijos.

(c) A su hijo mayor.

(d) Tiene tres hijos.

(e) Se casó en 1934 ('... *en el año 34*...').

(f) Con sus padres, sus hermanos y todo el pueblo de Arequipa (Perú).

3

Morir	Poder
morí	pude
moriste	pudiste
murió	pudo
morimos	pudimos
moristeis	pudisteis
murieron	pudieron

4 (a) En la carrera **compitieron** muchos ciclistas.

(b) En el accidente **murió** un joven de 17 años de edad.

(c) Se levantaron y **se vistieron** en cinco minutos.

(d) Buscamos al niño entre la multitud y no **pudimos** encontrarlo.

(e) No puedo decirte lo que **sintió** cuando le dieron la noticia.

(f) Los ingenieros del Ayuntamiento **pidieron** un aumento de sueldo la semana pasada.

Actividad 3.10

1 Un día memorable para Beatriz fue cuando se convirtió en campeona nacional en la ciudad de Arequipa.

Actividad 3.11

2 You may have written something like:

> Ibagué, 23 de febrero de 1998
>
> Queridos María Teresa y Rosendo:
>
> ¿Cómo están? La noticia es fantástica y la bebita preciosa.
>
> ¡Felicitaciones!
>
> Reciban un abrazo muy estrecho de todos nosotros.
>
> Antonio, Yolanda, Jaime y Begoña

Actividad 3.12

You may have written something like:

Bogotá, 2 de marzo de 1999

(a) *Greeting*:

Querido Marco Fidel:

¿Cómo estás? y ¿cómo van los preparativos para la recepción?

(b) *Acknowledging receipt of the invitation*:

Muchas gracias por la invitación.

(c) *Apology*:

Me encantaría poder asistir pero ese día no voy a estar en Bogotá. Tengo un taller con unos colegas de diferentes sucursales de mi compañía y estaremos ocupados todo el fin de semana.

(d) *Involving the other person*:

¿Y cómo van las cosas en tu finca? Espero que muy bien. ¿Y Amparo y los muchachos qué tal?

(e) *Saying good-bye*:

Espero que lo pases muy bien ese día y también espero verte pronto.

Recibe un abrazo muy·apretado,

Raúl

Unidad 4

Actividad 4.1

1 When Patricia Galeana talks about Miguel Hidalgo she uses the historic present even though the events happened in the past. Remember that the present tense can be used as an alternative to the preterite to make the narrative sound exciting and to bring events closer to the present. When she talks about Porfirio Díaz, she uses the preterite, a more conventional way of narrating actions that occurred in the past and that are completely finished. Choosing one tense or the other is also a matter of style: historians like Patricia, for instance, use the historic present much more than other people.

2 Here is a possible answer (opposite, top). Note that it uses the preterite throughout for consistency of style. (It would also have been possible to use the historic present throughout.)

Miguel Hidalgo	Porfirio Díaz
1. Inició el proceso independentista de México.	1. Porfirio Díaz no fue muy popular.
2. Llamó a la lucha a todos los mexicanos.	2. Su gobierno acabó desembocando en una dictadura.
3. Dio un paso trascendente con la abolición de la esclavitud en 1810.	3. Hizo cosas positivas, pero se convirtieron en negativas.
	4. Trajo inversión extranjera.
	5. Les dio demasiados privilegios a los extranjeros.

Actividad 4.2

1 arras *fpl* **(a)** (en una boda) coins (*pl*) (*given by the bridegroom to the bride*) **(b)** (Der) deposit, security

2 Suggested answer:

El 19 de marzo de 1995 se casaron en la catedral de Sevilla la infanta Elena de Borbón y Jaime Marichalar. El novio llegó a la iglesia un poco después del mediodía acompañado de su madre. Les siguió Carlos Amigó, el arzobispo de Sevilla. La infanta y su padre salieron de los Reales Alcázares a eso de las doce y media. Unos minutos más tarde llegaron a la catedral. Allí los esperaban los seises para llevar las arras y los anillos.

La ceremonia se inició a la una menos veinte y duró una hora y veinte minutos. A la una los novios pronunciaron el 'sí quiero'. Un poco antes de finalizar la ceremonia, el arzobispo leyó la bendición enviada a los novios por el Papa Juan Pablo II. La boda terminó a las dos de la tarde.

Después de la boda los nuevos esposos salieron en un coche de caballos. Primero fueron a la iglesia del Salvador donde los recibió el alcalde de Sevilla, Alejandro Rojas Marcos, con una copa de champán. Un poco antes de las tres la pareja llegó a los Reales Alcázares a celebrar el banquete de la boda.

Actividad 4.3

2 pintar

pasear, irse en barca o leer

comer frugalmente

prepararse para recibir visitantes: curiosos, autoridades, periodistas, *hippies*.

lanzar encendidos discursos

observar callada

sólo mojarse un dedo para brindar

3 Se dice que la vida de Dalí y Gala durante el día era tranquila y ordenada. Antoni Pitxot cuenta que se levantaban muy temprano; él pintaba y ella paseaba, leía o se iba en barca. Al mediodía comían frugalmente. Al llegar las siete Dalí se transformaba y se preparaba para recibir visitantes. Pitxot asegura que lo visitaban curiosos, autoridades, periodistas y hasta *hippies,* y que Dalí les lanzaba encendidos discursos. Por el contrario Gala observaba todo callada. También se dice que servían a los visitantes champán rosado y que Dalí sólo se mojaba un dedo para brindar, ya que no bebía.

Note that the tense used is the imperfect, both for describing events that occurred in the past ('*la vida [...] era tranquila y ordenada'*) and for referring to habitual actions in the past *('se levantaban muy temprano').*

Actividad 4.4

1 Víctor Jara

Fecha de nacimiento: 28 de septiembre de 1932.

1953: Formación del coro de la Universidad de Chile. Iniciación de actividades folclóricas.

1956: Comienzo de actividades de canto.

1961: Primera composición musical, *Paloma, quiero contarte.*

1962: Primer LP, *Folklore chileno.*

1963 – 1968: Director de la Casa de la Cultura.

1969: Primer premio en el primer Festival de la Nueva Canción Chilena.

1970: Apoyo a la campaña electoral del partido Unión Popular.

1973: Parte activa en la campaña parlamentaria. Director de un ciclo de programas de televisión.

11 de septiembre de 1973: Arrestado en la Universidad Técnica.

16 de septiembre: Muere acribillado después de ser torturado.

2 Here is a possible answer:

Víctor Jara nació en Chile en 1932. En 1953 inició sus actividades folclóricas cuando formó el coro de la Universidad de Chile. Tres años más tarde se dedicó también al canto y más adelante a componer. Su primera composición fue *Paloma, quiero contarte* y su primer LP, *Folklore chileno,* se publicó en 1962. Entre 1963 y 1968 fue director de la Academia de Folklore de la Casa de la Cultura y en 1969 ganó el primer premio en el primer Festival de la Nueva Canción Chilena.

A partir de 1970 participó activamente en la política de Chile y apoyó al partido Unión Popular, dirigido por Salvador Allende. En 1973 dirigió un ciclo de programas de televisión en contra de la guerra civil y el fascismo. El 11 de septiembre Víctor iba a cantar en un concierto en la Universidad Técnica cuando el ejército, apoyado por los Estados Unidos, se tomó la universidad y arrestó a Víctor y a muchos profesores y estudiantes. Después de arrestados los torturaron y Víctor Jara murió acribillado el 16 de septiembre. El pueblo chileno todavía recuerda hoy su voz de justicia y libertad.

Actividad 4.6

1 (a) El día que tuvo a su hija en brazos.

(b) Cuando abrió los ojos vio que tenía a su hija en sus brazos.

(c) Se refiere a los padres, quienes no pueden dar a luz.

2 Sandra dice que el día más especial fue cuando nació su hija. Como nació por cesárea, cuando Sandra abrió los ojos tenía a la niña en sus brazos. Cuenta también que no salía de su asombro y lloraba de emoción. Sandra dice que lo siente mucho por los padres porque ellos no pueden tener la experiencia de dar a luz a un hijo.

Actividad 4.8

1 The author is reminiscing whilst looking at some family photographs.

2 (a) Verdadero. (A photograph of Teresa and two of the author's mother.)

(b) Falso. (They are both dead: '… *y desde que ella [Teresa] murió…*'; '*Desde que murió mi madre también está allí su foto…*'.)

(c) Verdadero.

(d) Falso. ('… *y además está colgado un retrato…*'.)

(e) Falso. ('… *un retrato no póstumo que le hizo Custardoy el viejo…*'.)

(f) Verdadero.

(g) Verdadero.

(h) Verdadero.

3 *Reminiscencias* is the best word for 'memories' in this context because it is a literary passage. You could also, however, have said *recuerdos*.

The author uses the following tenses:

The preterite to refer to events in the past. These events happened at a specific moment and are finished, e.g. '... *cuándo le hicieron la foto...*', '... *desde que ella murió...*', '... *un retrato [...] que le hizo...*'.

The present to describe the photographs. In some cases it refers to the present moment, e.g. '... *es de muy pequeño tamaño...*', '... *está en un marco de madera...*', '... *está colgado...*'. In other cases the present refers to people in the past and is really the historic present, e.g. '*Mi madre [...] es más alegre...*', '... *las dos hermanas se parecen algo...*'.

The imperfect to refer to actions that described what Juana used to do, and what she was like, e.g. '... *reía fácilmente, como mi abuela.*'

The author also makes reference to the future on one occasion: '... *y desde que ella murió nadie la habrá mirado...*'. This is a use of the future that conveys hypothesis: '... since she died nobody could have looked at the picture...'.

Acknowledgements

Grateful acknowledgement is made to the following sources for permission to reproduce material in this book:

Text
Page 37: 'Zumos, hierbas, infusiones', *Mía*, 1997, G. y J. España Ediciones, S. L. S. en C.; *pages 61–62: Anda con nosotros Ibil gurekin*, Comité de Senderismo; *page 69*: *Normas básicas para la protección del medio ambiente por parte del turismo*, Secretaría General de Turismo; *page 75*: adapted from Deus, G. C. 1997, 'Cómo reciclar la basura', *El Mundo*, 18 August 1997, used with permission; *page 83*: Villar M. J. 1996, 'Cómo comprar para dañar menos el medio ambiente', *Consumerismo*, November/December 1996, C. E. C. U.; *pages 116–117*: Garai, M. J. E. and González-Bueno, L., *México, el ombligo de la luna*, Consejería de Educación, Embajada de España en Londres; *page 130*: Bonet, P. 1996, 'Peor que la bomba de Hiroshima' in Roig, A. M. (ed.) *El País Semanal*, 1.020, 14 April 1996, Copyright © El País 1996; *pages 144–145*: Casares, C. 1993, 'El milagro de Santiago de Compostela', *Ronda Iberia*, July 1993.

Illustrations
Page 51: Jiménez, F. 1995, 'Consejos para evitar los dolores de espalda', *Salud*, 9 March 1995, ABC; *page 80*: *Asterix Adventures*, Copyright © 1998 Les Éditions Albert René/Goscinny – Uderzo; *page 123 (top)*: Juan O'Gorman/Museo Nacional de Historia; *page 123 (bottom)*: Garai, M. J. E. and González-Bueno, L., *México, el ombligo de la luna*, Consejería de Educación, Embajada de España en Londres; *page 130*: Keith Bernstein/FSP; *page 140*: Popperfoto; *page 183*: *El País Semanal*, 1.060, 17 January 1997, Copyright © El País, Quino.

Cartoons by Ray Webb and Jim Kavanagh.

Photo on page 134 by Roy Lawrance; photos on pages 7, 76, 111 by Max; photos on pages 8, 32, 56, 155 image Copyright © 1996 PhotoDisc, Inc.

Cover photo (of wall mosaic) by Hélène Mulphin; (of ship) by Max; (of church) image Copyright © 1996 PhotoDisc, Inc.

This text forms part of the Open University course, L140 *En rumbo: a fresh start in Spanish*. The course comprises the following titles:

En rumbo 1: Encuentros and **El tiempo libre**

En rumbo 2: Natural como la vida misma and **Hechos y acontecimientos**

En rumbo 3: Los tiempos cambian and **El arte al alcance de todos**

En rumbo 4: ¡No lo dejes para mañana! and **Los medios de comunicación**